Hansjörg Falz, MERIAN-Chefredakteur

Liebe Leserin, lieber Leser,

als mein Kollege Kalle Harberg von seiner Luxemburg-Recherchereise zurückkam und wir darüber sprachen, welche Geschichten wir unbedingt für diese Ausgabe umsetzen sollten, packte er ganz am Ende eine grandiose Idee aus, die uns alle bis zur Minute fesselt: »Wir könnten doch, angelehnt an die Ausstellung ›The Family of Man‹«, sagte er, »eine eigene Fotoreportage ›The Family of Esch‹ produzieren.« Das weltberühmte Meisterwerk, zusammengestellt vom Luxemburger Edward Steichen für das MoMA in New York, zählt seit 2003 zum UNESCO-Weltdokumentenerbe und ist heute auf Schloss Clervaux zu Hause. Für unsere »Family of Esch« entsandten wir die in Hamburg lebende Brasilianerin Isabela Pacini, seit vielen Jahren MERIAN als Fotografin eng verbunden, ins Großherzogtum. Das Ergebnis ihrer Arbeit sehen Sie ab Seite 82: Isabela Pacini zeigt uns die Gesichter eines Landes, ihre Fotos erzählen Lebensgeschichten, zeigen Emotionen – und die große Vielfalt des Luxemburger Südens. Esch-sur-Alzette ist 2022 Europas Kulturhauptstadt, mit dieser Fotoreportage – und der gesamten Ausgabe – leistet MERIAN einen Beitrag zu diesem besonderen Kulturjahr. »Esch2022« verspricht ein Feuerwerk der Ideen, das allein schon ist ein Anlass für die Fahrt dorthin. Doch Luxemburg, Herzstück des vereinten Europas, ist viel mehr, nämlich ein feines, vielseitiges, liebenswertes Reiseziel!

Herzlich Ihr

Zweimal war Luxemburg zuvor Thema einer MERIAN-Ausgabe: 1964 und 2007

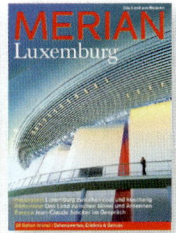

Der MERIAN-Podcast nimmt Sie mit auf Wochenendtrips in Deutschland und der Welt: Reiseinspiration auf **merian.de** und bei allen gängigen Anbietern.

Folgen Sie uns auf **merian.magazin** bei Instagram. Oder begleiten Sie uns auf Facebook.

Readly Beim digitalen Zeitschriftenkiosk Readly können Sie diese und andere MERIAN-Ausgaben auf dem Tablet oder Smartphone lesen.

FOTO: VOLKER RENNER

NEUE NACHBARSCHAFT Zwischen
Belvals glänzenden Fassaden wird das
Luxemburg der Zukunft geplant

Inhalt

STRAHLENDE ERSCHEINUNG Queen
Belle aus Kamerun ist eine der vielen
internationalen Einwohnerinnen Eschs

TITEL: ISABELA PACINI · FOTOS: LUKAS SPÖRL, CHRISTINA KÖRTE (2), ISABELA PACINI

56 108

GUTE AUSSICHTEN auf die Dächer der
Hauptstadt genießt man von der
Terrasse des Clubs »De Gudde Wëllen«

ECHTER GENTLEMAN und jetzt
auch Herr seines eigenen Schlosses:
der Unternehmer Pascal Zimmer

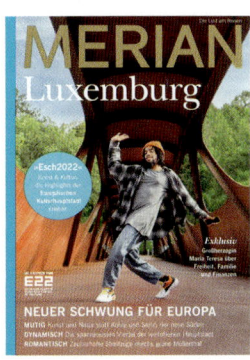

Es bewegt sich
was in Luxemburg –
keiner symbolisiert
das besser als
Tänzer Zeny, der
über die Passerelle
am Escher
Gaalgebierg groovt

Top 10

MERIAN-Redakteur **Kalle Harberg** hat ein Faible für kleine Länder – das Großherzogtum hatte es also nicht sonderlich schwer, sein Herz zu erobern. Vor allem diese Ecken Luxemburgs bringen ihn zum Schwärmen:

1 LUXEMBURG

Das größte Highlight von Luxemburg ist Luxemburg? Sehr tiefgründig, aber auch ein wenig verwirrend. Zur Aufklärung: Die Hauptstadt hat denselben Namen wie das Land, von den Luxemburgern wird sie aber oft einfach nur »d'Stadt« genannt. Sie ist eine der wenigen Großstädte der Welt, die wegen ihrer steilen Hänge genauso in der Vertikalen existieren wie in der Horizontalen. Die oberste Ebene der Stadt auf dem Kirchberg, wo die Banken und EU-Institutionen beheimatet sind, kann man sich meiner Meinung nach schenken, dafür sollte man aber viel Zeit in der hübschen, kleinen Altstadt verbringen und ganz unten im Grund, wo sich die Hauptstadt – Klischee, aber in diesem Fall wahr – wirklich wie ein Dorf anfühlt.

2 ESCH-SUR-ALZETTE

Nach der Stahlkrise fiel die zweitgrößte Stadt des Landes zunächst in ein Loch, aber jetzt verpasst sie sich eine neue Identität als Luxemburgs Zentrum der Zukunft. Dieses Jahr ist sie Europäische Kulturhauptstadt (S. 34), aber auch abseits der mehr als 2000 Events in der Stadt und den umliegenden Gemeinden lohnt Esch immer einen Besuch. Mein perfekter Tag: vormittags ein Spazier-

gang durch das neue Viertel Belval (nicht die Aussicht vom alten Hochofen verpassen!), nachmittags ein Streifzug durch die Fußgängerzone und über den hübschen Gaalgebierg, am Abend ab in die Kulturfabrik zu einem der vielen Konzerte. Wer sich danach noch nicht in Esch verliebt hat, muss irgendwo falsch abgebogen sein.

3 SCHLOSS VIANDEN

Mehr als 70 Schlösser und Burgen gibt es im kleinen Luxemburg. Aber der unangefochtene Klassenbeste ist diese Burg, die zwischen dem 11. und dem 14. Jahrhundert erbaut wurde und eine der größten erhaltenen feudalen Residenzen des Mittelalters ist. Im Schloss gibt es ein Besucherzentrum und jede Menge prunkvolle Gemächer. Als Einführung empfehle ich aber eine Fahrt mit Luxemburgs einzigem Sessellift über das Tal der Our mit Blick auf das Schloss. Sogar Mick Jagger hat schon die Aussicht aus 440 Meter Höhe genossen. Auch ein Sessellift kann eben Rock 'n' Roll sein.
Montée du Château, castle-vianden.lu

4 MOSELTAL

Rund 40 Kilometer lang dient die Mosel als Grenze zu Deutschland, am luxemburgischen Westufer liegen hervorragende

Weingüter, aber die Region hat noch mehr zu bieten als nur gute Jahrgänge. In Remerschen ist die Stiftung des bekannten luxemburgischen Architekten François Valentiny zu Hause, die viele seiner Skizzen und Modelle zeigt. Und in Schengen eröffnete 2010 das Europäische Museum, das die Geschichte des berühmten Abkommens erzählt.
Europa Museum: Schengen, 6 Rue Robert Goebbels

5 THE FAMILY OF MAN

Die Idee ist so größenwahnsinnig, dass sie eigentlich zum Scheitern verurteilt hätte sein müssen. Aber sie hat funktioniert. Das Porträt der Menschheit, welches der Luxemburger Edward Steichen erstellt hat, indem er mit seinem Team einst für das MoMA aus über zwei Millionen Fotos die besten auswählte, ist eine der bewegendsten Ausstellungen, die ich je gesehen habe. Ihre Heimat hat sie nach einer langen Welttournee schließlich im Schloss Clervaux im Norden Luxemburgs gefunden (S. 78). Um dorthin zu gelangen, fährt man am besten mit dem Auto, die Anbindung mit dem Zug ist langwierig – aber selbst so lohnt sich der Weg.
Clervaux, Schloss Clervaux steichencollections-cna.lu

6 FOND-DE-GRAS

Eine kleine Begriffserklärung: Der Süden Luxemburgs wird auch Minett genannt, er ist eingetragen als »Minett UNESCO Biosphere«, und in dem Biosphärenreservat liegt der deutlich kleinere Minett Park Fond-de-Gras. Klingt komplizierter, als es ist. Was Sie aber auf jeden Fall wissen sollten: Der Fond-de-Gras ist eine der besten Adressen im Süden, um

1 Lichtgestalten: Im Escher Viertel Belval erstrahlen die Hochöfen zu besonderen Anlässen **2** Das Ufer der Sauer in den Ardennen hat man manchmal für sich **3** Ganz anders die Gassen der Kapitale, die sich abends schnell füllen

das industrielle Erbe des Minetts zu begreifen. In dem Freiluftmuseum finden sich Bergbau-Relikte aus der ganzen Region, und jeden Sonntag fährt in der Saison ein historischer Dampfzug von 1900 (S. 68). 2 Fond-de-Gras, minettpark.lu

7 PARC MERVEILLEUX

Jedes Land hat diese eine Attraktion, die sich ungemeiner Beliebtheit erfreut, auch wenn man nicht ganz versteht wieso. In Luxemburg ist es mit mehr als 200 000 Besuchern jährlich der Märchenpark in Bettemburg, obwohl man fairerweise anmerken sollte: Die Zielgruppe ist deutlich jünger als ich. Für Kinder gibt es in dem Mix aus Freizeit- und Tierpark Baumhäuser, Labyrinthe, einen Miniaturzug, Minigolf – kurz Luft

holen – Mini-Autos, einen Streichelzoo und riesengroße Märchenfiguren.
Bettemburg, Route de Mondorf
parc-merveilleux.lu

8 ARDENNEN

Wenn nicht schon der Süden den Zuschlag bekommen hätte, auch der luxemburgische Norden, geprägt von den Ardennen, würde zur Kulturhauptstadt taugen. Ein Highlight der Region ist der Naturpark Öewersauer mit seinem 380 Hektar großen Stausee. Er ist das größte Trinkwasserreservoir des Landes – und perfekt für Kanutouren, wie sie zum Beispiel die Jugendherberge Lultzhausen in den Sommermonaten organisiert.

9 ECHTERNACH

Bekannt ist die Stadt für ihre Springprozession, die immer am Dienstag nach Pfingsten stattfindet und im Immateriellen Weltkulturerbe der UNESCO steht. Aber auch im Rest des Jahres ist

Echternach ein hübsches Städtchen und ideal für eine Wanderung durch das idyllische Müllerthal. Ein schöner Halbtagesmarsch: der vierstündige Rundwanderweg E1, der an der Basilika beginnt und durch herrliche Wälder, Schluchten und sogar eine Höhle führt.

10 LUXEMBURGER KÜCHE

Die traditionelle Landesküche ist deftig, mit viel Fleisch und genau nach meinem Geschmack. Aber vor allem ist die Luxemburger Gastro-Szene ein Spiegel der multikulturellen Gesellschaft des Landes. Portugiesen, Italiener, Franzosen, überall gibt es gute Lokale, kein europäisches Land hat eine höhere Dichte an Sterne-Restaurants. Mein Favorit hat zwar keinen Stern, aber dafür viel Herz: Die zwei Restaurants von »Chiche!« – in der Hauptstadt und in Esch – beschäftigen vor allem Geflüchtete und tischen großartige libanesische Gerichte auf.
chiche.lu

ESCHS INDUSTRIECHARME

Die Magie der alten **Stahlstadt**

Die Hochöfen von Belval, dem konvertierten Industrieviertel von Esch-sur-Alzette, waren für den Fotografen **Lukas Spörl** perfekt, um tagsüber den Architekturmix des neuen Viertels zu überblicken. Aber auch zum Sonnenuntergang, als plötzlich Nebel aufzog, war der Hochofen für Spörl ein magischer Ort (S. 116).

ESCHS KULT-BAUER

Zehn Tage verbrachte die Hamburger Fotografin **Isabela Pacini** in Esch und Umgebung und porträtierte »The Family of Esch«, die vielen Gesichter der multikulturellen Kulturhauptstadt (S. 82). Eines davon gehört dem Landwirt **Guy Tempels**, der in Oberkorn seine großen Charolais-Rinder grasen lässt und in der ganzen Region bekannt ist.

KUNSTVOLL

Ein Festival für die Augen erlebte MERIAN-Redakteurin **Tinka Dippel** in der Hauptstadt Luxemburgs mit ihren alten Festungsmauern, neuen Banktürmen und Panoramablicken. Dieses Kleinod, eine begehbare Skulptur namens »Le passe-muraille«, entdeckte sie im Park der Fondation Pescatore, einer der vielen Grünflächen der Stadt (S. 56).

STILVOLL

Pascal Zimmer ist einer der kreativsten Unternehmer des Landes. Und ein Gentleman: Erst zeigte er der Fotografin **Christina Körte** sein kleines Schloss-Hotel (S. 108), dann chauffierte er sie im Oldtimer-Jaguar durch die Hauptstadt und zeigte ihr seine liebsten Ecken. Und zum Abschied schenkte er ihr nicht nur einen Hut. Sondern zwei.

rakstone

TASTE YOUR IMAGINATION

Lebe deinen Raum!

Mut zum Besonderen: Remerschen huldigt dem Architekten
François Valentiny, Flieger werden bunt und Dörfer nie zu klein

IN BESTFORM
Die Valentiny Foundation zeigt Skulpturen, Zeichnungen und Modelle des Architekten

HAUS AM SEE Das Biodiversum in Remerschen liegt im Naturschutzgebiet und ist inspiriert durch die Langhäuser der Kelten, die früher in der Region lebten. In seiner Form zitiert es die Linien eines umgedrehten Bootes

François Valentiny ist einer der bekanntesten Architekten Luxemburgs, zu seinen Entwürfen gehören die luxemburgische Botschaft in Wien und zahlreiche Gebäude in China und Europa. Geboren wurde François Valentiny 1953 in Remerschen, heute veranschaulichen dort gleich zwei Einrichtungen das breite Spektrum seiner Arbeit. Die Valentiny Foundation dokumentiert sein Schaffen mit über 3200 Exponaten in klar gestalteten weißen Räumen. Gezeigt werden Arbeiten, die er nicht nur als Architekt, sondern auch als Bildhauer geschaffen hat. Eine andere Seite seines Wirkens zeigt das Biodiversum: Der markante Bau, der einem keltischen Langhaus nachempfunden ist, liegt im Naturschutzgebiet Haff Réimech und präsentiert unter einer rautenförmigen hölzernen Deckenstruktur viele Informationen über Flora und Fauna der Umgebung.
valentiny-foundation.com, visitmoselle.lu

VICTOR HUGO IM EXIL

La vie en Vianden

Der französische Autor Victor Hugo ist vor allem als Schriftsteller bekannt, war aber auch Senator und Abgeordneter – und ein leidenschaftlicher Zeichner. Als Charles Louis Napoléon Bonaparte sich 1851 zum »Prince-Président« machte, begehrte Hugo dagegen auf. Er wurde inhaftiert und ging anschließend ins Exil, das er auch im luxemburgischen Vianden verbrachte. Einige Eindrücke aus dieser Zeit hielt er in seiner Zeichnung »Vianden au clair de lune« (»Vianden im Mondlicht«) fest (Foto); sein damaliges Zimmer ist heute ein Museum, ausgestattet mit Originalmöbeln und zeitgeschichtlichen Dokumenten. victor-hugo.lu

GEFLÜGELTE WORTE

Luxemburgisch ist so süß – allein für »Schmetterling« gibt es je nach Gemeinde vier niedliche Wörter: *Fléiflank, Pappeljong, Päipameel* und *Pimpampel.* Darf man schon Sprachen heiraten?

luxembourg.public.lu/de/gesellschaft-und-kultur

FOTOS: BRIGIDA GONZÁLEZ, STUTTGART/VALENTINY FOUNDATION, OLIVER RAATZ/LFT, AKG-IMAGES, ADOBE STOCK, FRANZISKA KRUG/GETTYIMAGES, JIM SPELLMAN/GETTYIMAGES

STARQUALITÄTEN

FRAUEN-POWER

Diese Luxemburgerinnen erobern auch die deutschen Bildschirme: Désirée Nosbusch (links) spielte in der ZDF-Serie »Bad Banks« und in der Literaturverfilmung »Bekenntnisse des Hochstaplers Felix Krull« mit, Vicky Krieps war neben Daniel Day-Lewis in »Der seidene Faden« und in der neuen Serienfassung von »Das Boot« zu sehen.

Elf Personen hat es gebraucht, um die Boeing 737 von Luxair neu zu dekorieren

KULTURERBE

Auf dem Sprung

Die Springprozession in Echternach ist von der UNESCO als Immaterielles Kulturerbe anerkannt, das Besondere an ihr: Zu der Prozession gehört ausgelassenes Springen als Ausdruck religiöser Freude, begleitet von fröhlicher Polkamusik.

RINDSCHLEIDEN

Auf dem Land

Rindschleiden ist Luxemburgs kleinstes Dorf, nur ein Einwohner ist hier gemeldet. Abgemeldet ist der Ort trotzdem nicht: Die Kirche aus dem 10. Jahrhundert, das Bistro »Miro« und ein Museum über das Landleben bringen Menschen ins Dorf.

EIN FLIEGER VOLLER STICKER

DER SINN DES KLEBENS

Der Künstler SUMO! ist in Luxemburg für seine fröhlichen Entwürfe bekannt, und das machte ihn zu der richtigen Person, um zwei Maschinen der Fluggesellschaft Luxair umzugestalten: Er hat eine Boeing 737-800 und eine De Havilland Q400 mit riesigen verspielten Aufklebern bedeckt, insgesamt sind 200 Arbeitsstunden in die Entwicklung des Designs geflossen. Die Umgestaltung soll die Lust am Fliegen versinnbildlichen, auf den Stickern stehen Botschaften wie »Ab in den Süden« und »Discover More«. Wen würde das nicht abholen?

SATTELFEST

Ein Staat fährt Rad

Kein Wunder, dass in Luxemburg Fahrradvereine wie das Frauenteam der Velos Vedetten entstehen (Foto): Ein 600 Kilometer langes Radwegenetz zieht sich durchs Land und soll auf 900 Kilometer ausgebaut werden. Viele Züge haben Fahrradabteile, Bahnhöfe bieten Radboxen für Berufspendler, und viele Kommunen haben eigene Verleihsysteme. Auch an fahrradfreundlichen Hotels ist kein Mangel, zu erkennen sind sie am Label Bed + Bike. Viel Gepäck dabei? MoveWeCarry bringt es für Sie ans Ziel Ihrer Tour.

velosvedetten.lu, bedandbike.lu, movewecarry.lu

GROSSER FOTOWETTBEWERB
ZEIGEN SIE IHRE BESTEN BILDER

Jetzt mitmachen! Wir suchen Fotos zu: VALENCIA, OBERÖSTERREICH, ITALIEN

Traumreise für 10 000 € zu gewinnen

»Die Lust am Reisen« – unter diesem Motto suchen MERIAN und CEWE die schönsten Leserfotos. Senden Sie Ihre Lieblingsbilder aus aller Welt ein! Hauptgewinn ist eine exklusive Tour im Wert von 10 000 Euro: Sie begleiten einen MERIAN-Fotografen auf seiner Rechercheise an ein besonderes Urlaubsziel. Mitmachen ist ganz einfach – und **Sie haben sogar zwei Gewinnchancen!**

In Kooperation mit CEWE, Europas führendem Fotoservice

1. CHANCE: LESERFOTO DES MONATS

Jeden Monat werden Ihre besten Fotos zum nächsten Heftthema gesucht: einfach online hochladen und mitmachen! MERIAN prämiert das beste Leserfoto und veröffentlicht es im Heft (s. S. 14). Die nächsten Themen: **Valencia, Oberösterreich** und **Italien.** Ihre Fotos sollen einen Bezug zum jeweiligen Monatsthema haben, das Motiv darf frei gewählt werden: Ob Landschaftsbilder oder Straßenszenen – der Fantasie sind keine Grenzen gesetzt. Jeder Monatsgewinner erhält einen CEWE FOTOBUCH Gutschein im Wert von 50 Euro sowie ein MERIAN-Jahresabonnement.

2. CHANCE: FOTO DES JAHRES

Jedes hochgeladene Foto hat dazu automatisch die Chance, das Foto des Jahres zu werden. Für diesen Wettbewerb dürfen Sie auch Bilder von anderen Zielen einsenden. Alles, was zum Motto »Die Lust am Reisen« passt, ist erlaubt: Motive von besonders schönen, originellen oder amüsanten Momenten genauso wie Fotos, die im Gedächtnis bleiben. Die Auswahl trifft eine Expertenjury – und dem Sieger winkt eine exklusive Reise im Wert von 10 000 Euro.

Alle weiteren Infos: www.merian.de/leserfotos

SANDRA EMMERLING

Was für ein schönes Projekt!
»Ich versuche, jedes Jahr
mindestens eine Hauptstadt zu
besuchen, die ich noch nicht
kenne, um Europa näher
kennenzulernen.« Und so
bekam Sandra Emmerling, 31,
aus Sachsen die Möglichkeit,
während ihres Städtetrips ins
Großherzogtum die Philharmonie Luxembourg zu sehen und
zu fotografieren. »Faszinierend
fand ich das Spiel zwischen
blauem Himmel, Sonnenschein
und der besonderen Architektur
der weißen Philharmonie; nur
sehr wenige Leute waren
zu dem Zeitpunkt an diesem
Ort, es wirkte alles sehr ruhig
und harmonisch. Ich hatte
auch genügend Zeit, um alles
auf mich wirken zu lassen«,
reflektiert sie ihre Eindrücke.
Sandra Emmerling fotografiert
in ihrer Freizeit »leidenschaftlich
gern«. In ihrer Wohnung würden
»zahlreiche selbst fotografierte
Werke vorwiegend aus Städte-
urlauben«, hängen, so auch aus
Luxemburg.

FOTOS: SANDRA EMMERLING, ISABELA PACINI

»Faszinierend fand ich das Spiel zwischen
blauem Himmel, Sonnenschein und weißer Philharmonie.«

DAS SAGT DIE JURY

Katharina Oesten, MERIAN-Fotoredakteurin: »In der Philharmonie Luxembourg sind nicht nur hochkarätige Konzerte zu hören, es ist auch ein Haus, das man gerne anschaut. Der Architekt Christian de Portzamparc hat es so entworfen, dass sein Grundriss die Form eines Auges hat. Sandra Emmerling ist es gelungen, die klaren Strukturen durch einen harmonischen Bildaufbau ganz wundervoll zur Geltung zu bringen.«

WEITSICHT WAR HIER IMMER SCHON WICHTIG

Die großherzogliche Familie ist nur einer von
vielen Besitzern, die die Burg Vianden im Laufe
der Jahrhunderte ihr eigen nannten. Schon Römer
und Karolinger hatten hier ihre Kastelle, das
heutige Schloss entstand ab dem 11. Jahrhundert,
lange bevor das Großherzogtum Luxemburg 1815
gegründet wurde. Heute ist die Anlage eine
von über 70 Schlössern und Burgen im Land –
aber definitiv eine der eindrucksvollsten

KLEINES LAND
GANZ GROSS

Luxemburg liegt nicht nur im Herzen Europas,
es ist auch ein Pulsgeber für den Kontinent. In Sachen Innovation
und Nachhaltigkeit setzt das Großherzogtum Maßstäbe,
und wo viele nur an Banken und Business denken,
punktet das Land mit grandioser Natur

DIE HAUPTSTADT IST REICH –
AN WELTOFFENER LÄSSIGKEIT

An normalen Arbeitstagen kommt die Hälfte der Menschen in der Hauptstadt nicht aus Luxemburg, sondern aus den Ländern ringsum. Das bringt eine gewisse Aufgeschlossenheit mit sich: Das Mudam, Museum für zeitgenössische Kunst (links) in einem Bau von Stararchitekt I. M. Pei, ist leuchtendes Beispiel für ebenso kreative wie überraschende Ausstellungskonzepte. Und wer samstags am frühen Abend über die Rue du Nord (rechts) in der Stadt Luxemburg läuft, merkt sofort: Geld ist längst nicht alles hier

FOTOS: CHRISTINA KÖRTE (2)

WO EIN STÄDTCHEN SICH PERFEKT IN DIE KURVE LEGT

Vom Flüsschen Sauer eingekreist und von den Ardennen umgeben: Das kleine Esch-sur-Sûre hat nicht viel Platz, aber den nutzt es perfekt. Seine engen Gassen stammen noch aus dem Mittelalter und machen die 3000-Einwohner-Gemeinde zum pittoresken Ausflugsziel – am besten zu bewundern von der über 1000 Jahre alten Burgruine gleich oberhalb des Örtchens

DER NEUE SCHWUNG IM SÜDEN
SOLL GANZ EUROPA BEWEGEN

Mit rund 36 000 Einwohnern ist Esch-sur-Alzette
die zweitgrößte Stadt des Landes – und im Jahr
2022 Kulturhauptstadt Europas. Lange bestimmten
hier im Süden Eisen und Stahl die Geschicke, jetzt
läuft der Strukturwandel auf vollen Touren. Dabei
herrscht Optimismus statt Angst, das sieht man dem
Hip-Hop-Tänzer Zeny auf der Passerelle am Bahnhof
genauso an wie der neuen Unibibliothek (rechts) auf
dem ehemaligen Hüttengelände im Viertel Belval

WO WÄNDE BÄNDE SPRECHEN

»Curiosity feeds imagination« – Neugier nährt die Vorstellungskraft, so lautet der Titel des Murals am Eingang der Kulturfabrik, kurz Kufa, in Esch. Schon seit Jahrzehnten ist der ehemalige Schlachthof Treffpunkt der Kulturszene, mit dem Projekt »Urban Art Esch« hat seit 2014 auch die Street-Art-Szene hier ein festes Standbein. Die Arbeit des Franzosen Mantra ist eines von rund 50 Werken, die an Escher Fassaden zu finden sind

FOTO: LUKAS SPÖRL

FRISCHE FARBEN
IM LAND DER ROTEN ERDE

Den alten Kühltürmen des Stahlwerks in
Differdingen hat der luxemburgische Graffiti-Künstler
Alain Welter zu neuer Coolness verholfen (rechts).
Terres Rouges, Rote Erde, wird die lange von der
Schwerindustrie geprägte Minett-Region genannt –
nun wird gerade dieser Landstrich immer grüner.
Imker wie Marcel Zoller (links) lassen hier ihre
Bienenvölker ausschwärmen. Wo die Industrie sich
zurückzieht, bekommt die Natur neuen Raum

WO MOSELWEINE
ALLE GRENZEN SPRENGEN

In Reih und Glied ziehen sich die Reben bei Remich
den Hang hinunter. Auf gerade mal 46 Kilometern
säumt die Mosel Luxemburg und verschafft dem
Land damit ein kleines, aber besonderes Terroir.
Ob Crémant, Riesling oder Auxerrois: Die Weine der
»Miseler« behaupten sich längst neben den deutschen und französischen Nachbarn. Man inspiriert
sich, arbeitet zusammen und lässt Grenzen zur
Nebensache werden. Guter Wein kann die Welt
eben ein bisschen besser machen

»Ein gut gehütetes
Geheimnis«

So empfinden viele Luxemburger ihr Land. Aber wer könnte es besser erklären als die Großherzogin des einzigen Großherzogtums der Welt? Zu Besuch auf Schloss Berg bei Ihrer Königlichen Hoheit **Maria Teresa von Luxemburg**

TEXT **KALLE HARBERG**

Der Weg ins Schloss führt durch den Seiteneingang. Ein Hofangestellter geht voraus, einmal die Treppe hoch und unter den vielen Geweihen hindurch, die hier die Wände schmücken, dann hinein ins Wartezimmer. Obwohl Wartezimmer gelinde gesagt eine Untertreibung ist: Wer zum Gespräch mit der Großherzogin von Luxemburg verabredet ist, vertreibt sich die Zeit bis zum Termin in einer edlen Kammer mit gold gerahmten Gemälden, zwei Büsten und einer zartblauen Tapete, bei der einem ein wenig schwindelig wird, wenn man sie zu lange ansieht. Auf einem Tisch steht Kaffee, auf einem zweiten Wasser, Cola und Schweppes. Es ist kurz vor elf Uhr.

Noch ein letzter Blick in die Notizen: Maria Teresa Mestre, geboren 1956 in Havanna, ihre Familie flüchtet vor der kubanischen Revolution zuerst nach New York, zieht dann nach Europa. Lernt den Luxemburger Kronprinzen Henri an der Universität Genf kennen. Sie verlieben sich, heiraten am Valentinstag 1981 – im selben Jahr wie Charles und Diana – und als Henri 2000 den Thron besteigt und damit zum offiziellen Staatsoberhaupt aufsteigt, wird sie gleichzeitig Großherzogin von Luxemburg. Fünf Kinder, fünf Enkelkinder, dazu unzählige soziale Engagements. Kämpft für die Rechte von Frauen und Kindern, rettet nach dem Bürgerkrieg zum Beispiel 600 Minderjährige aus Burundis Gefängnissen. Hat gerade ein Buch anlässlich ihrer Rubinhochzeit veröffentlicht. Titel: »Un amour souverain«. Private Interessen laut der offiziellen Website der Luxemburger Monarchie: Kunst, Design, sie singt und spielt Gitarre. Geht gerne mit ihren Hunden spazieren und liebt es, Zeit mit ihren Enkeln zu verbringen.

Dann ist es so weit, der selbe Hofangestellte erscheint wieder und bekräftigt, man müsse nicht nervös sein, es gebe hier Gäste, die vor Angst zittern würden, aber die Großherzogin sei eine ganz freundliche Person. Er führt durch Schloss Berg, 1911 fertiggestellt und seit langer Zeit die bevorzugte Residenz der großherzoglichen Familie, auch wenn ihr Palast in der Hauptstadt steht. Es geht vorbei am Portal, gegen das von innen Rennräder gelehnt sind, vorbei an einem großen Saal, vorbei am grünen Salon und hinein in den blauen zu einer geblümten Sofagarnitur unter einem großen Gemälde. Man hat gerade genug Zeit, darüber zu grübeln, ob die darauf versammelten Herren eine Militärkompanie oder eine Jagdgesellschaft darstellen, und zu hoffen, dass es in keinem von beiden Fällen eine Metapher für das kommende Gespräch sein möge, in dem es um ihren Weg nach und ihre Wahrnehmung von Luxemburg gehen soll – da erscheint auch schon Großherzogin Maria Teresa, die bei der ersten Ansprache, so sagt das Protokoll, mit Eure Königliche Hoheit zu adressieren ist, danach genügt Madame.

MERIAN: Eure Königliche Hoheit, Sie wurden in Kuba geboren und haben in den USA, Spanien und der Schweiz gelebt, wo Sie in den siebziger Jahren Ihren Mann, Henri von Nassau, den heutigen Großherzog von Luxemburg, während des Studiums kennenlernten. Welche Erinnerungen haben Sie an Ihre ersten Besuche in Luxemburg?
GROSSHERZOGIN MARIA TERESA: Bevor ich verlobt war, luden mich meine Schwiegereltern mehrmals nach Luxemburg ein, um die Familie kennenzulernen, und so entdeckte ich auch das Land zum ersten Mal. Ich war beeindruckt von seiner Schönheit und fragte einige Luxemburger: »Wie kann es sein, dass dieses Land nicht besser bekannt ist?« Sie antworteten: »Oh, es ist ein gut gehütetes Geheimnis!« Und es ist wirklich ein kleiner Schatz. Insbesondere die Wälder fand ich spektakulär, sie sind wahrscheinlich die schönsten, die ich je gesehen habe. Im Müllerthal, auch bekannt als »Kleine Luxemburger Schweiz«, klammern sich

FOTO: COUR GRAND-DUCALE/SAMUEL KIRSZENBAUM

die Bäume an die Felsen, und man sieht die Wurzeln herausragen. Das sind Märchenwälder.

Seit diesen ersten Reisen ist Luxemburg, wie Sie mal gesagt haben, nicht nur Ihre Wahlheimat geworden, sondern das Land Ihres Herzens.

Ich liebe meine kubanischen Wurzeln, sie sind mir wichtig, genauso wie meine spanischen. Aber Luxemburg ist mein Land. Wissen Sie, wenn man als Kind im Exil aufwächst – obwohl meines ein sehr privilegiertes war – fühlt man eine gewisse Nostalgie, weil man sich ohne nationale Identität fühlt und sich immer ein wenig beweisen muss, was anstrengend ist. Ich sehnte mich nach einem Land, das ich wirklich mein nennen konnte. Und das geschah auf ganz besondere Weise durch meine Hochzeit, weil ich nicht nur meinen Ehemann heiratete, sondern auch Luxemburg. Wenn man in eine Monarchie hineinheiratet, heiratet man auch ein Leben des Dienstes für das Land.

Gab es einen Moment, an dem Sie wussten, dass Sie in Luxemburg angekommen sind – an dem das Land zu Ihrer Heimat wurde?

An meinem Hochzeitstag gab es einen besonderen Moment auf dem Balkon. Ich wusste nicht, wie ich mich bei den vielen Luxemburgern bedanken sollte, die uns zujubelten. Also warf ich ihnen einen Kuss zu, um damit zu sagen: »Danke, dass ihr mich so empfangt!« Und da passierte etwas zwischen den Menschen und mir, es gab einen Schub der Zuneigung. Luxemburg hat den Charakter eines mitteleuropäischen Landes, es gibt eine gewisse Zurückhaltung. Ich auf der anderen Seite habe ein sehr südländisches Temperament. Ich gehe gerne auf die Menschen zu, mein Mann genauso, wir mögen da keine Distanz. Daran sind die Menschen nicht unbedingt gewöhnt, aber sie sind dafür sehr dankbar.

Luxemburgs Politiker sind sehr volksnah – man trifft sie schon mal auf der Straße oder beim Dinner im Restaurant. Können auch Sie in Ihrer Position einfach dieses Schloss verlassen und nach draußen gehen?

Oh ja. Das Wunderbare an den Luxemburgern ist, dass ihre Diskretion unser Leben viel einfacher macht. Dafür bin ich ihnen sehr dankbar, denn mein Mann und ich gehen gerne aus, zum Beispiel ins Kino. Von Anfang an habe ich versucht, mir einige Freiheiten zu erhalten. Also bin ich rausgegangen, etwa zum Einkaufen, was recht neu war.

Hat niemand versucht, Sie aufzuhalten?

Ich habe nicht gefragt, und jetzt macht es die ganze Familie. Wir gehen in Restaurants, wir haben normale Leben und das dank der Luxemburger Bevölkerung, die sehr respektvoll gegenüber unserer Privatsphäre ist. Wenn ich die Straße überquere, dann lächeln sie und sagen hallo, ich antworte, und dann gehe ich meines Weges und sie den ihrigen.

Luxemburg ist ein Einwanderungsland, fast die Hälfte aller Einwohner wurde – so wie Sie – nicht hier geboren. Fühlen Sie deswegen eine besondere Affinität zu dem Land?
Ja, und ich bewundere Luxemburg dafür sehr. Welches andere Land in Europa bewältigt so eine Herausforderung? Und wir schaffen das sehr reibungslos und sind dankbar, denn wir wissen, dass wir nur mit der Hilfe anderer Nationalitäten unsere Zukunft gemeinsam gestalten können. Der Prozess der Assimilierung passiert vor allem in der Schule und durch die luxemburgische Sprache. Unser Bildungssystem verwendet drei Sprachen: Luxemburgisch, Deutsch und Französisch. Wir sind also eines der wenigen Länder, in denen viele mindestens drei Sprachen sprechen, ganz zu schweigen von denen ihrer Herkunftsländer.

Als Repräsentantin Luxemburgs überall in der Welt, welche Fragen werden Ihnen am häufigsten über das Land gestellt?
Es überrascht mich immer wieder, dass Luxemburg ein Land ist, von dem viele gehört haben, aber von dem dennoch viele nicht wissen, was es alles zu bieten hat.

Wie stellen Sie jemandem, der Luxemburg nicht kennt, denn das Land vor?
Wir sind ein Vorbild für Integration. Man darf nicht vergessen, dass jeden Tag auch 185 000 Pendler aus Frankreich, Belgien und Deutschland ins Land kommen. Wir bieten Arbeitsplätze für die ganze Region. Da wäre die Tatsache, dass wir die Heimat des großen Satellitenbetreibers SES sind und dass wir uns im Weltraumbergbau engagieren, bei dem eines Tages auf

Familienfoto auf Schloss Berg:
Großherzog Henri und Maria Teresa
inmitten ihrer Kinder und deren Partner

Asteroiden Rohstoffe abgebaut werden sollen. Oder dass wir ein außerordentlich abwechslungsreiches Territorium haben für ein Land, das nur etwa 2500 Quadratkilometer groß ist.

Welche Orte sollte jeder Besucher Luxemburgs gesehen haben?
Ich finde, die Stadt Luxemburg ist einfach wunderschön. Sie gehört zum Weltkulturerbe, die Corniche ist sehr hübsch, und es gibt hervorragende Museen. Die Burg Vianden ist ebenfalls ein Muss. Sie ist eines der größten feudalen Schlösser westlich des Rheins, wurde wunderbar restauriert und ist auf jeden Fall einen Besuch wert. Und die Stadt Echternach, mitten im Müllerthal mit seinen schönen Wäldern, mag ich auch sehr.

Luxemburg ist eines der kleinsten Länder Europas. Wie spiegelt sich diese geografische Dimension in der nationalen Identität wider?
Sie motiviert uns zu Spitzenleistungen, glaube ich. Sie treibt uns an, besser zu sein als andere, um gesehen und gehört zu werden. Für andere Länder ist es nicht immer einfach, anzuerkennen, dass Luxemburg ein gutes Vorbild sein kann. Von unserem Weg der Integration etwa würden viele Länder profitieren. Das ist manchmal ein bisschen schade, aber was soll man machen? Was allerdings anerkannt wird, ist unsere hohe Lebensqualität, zum Beispiel für den Bürger kostenlose öffentliche Verkehrsmittel, das ist ökologisch sehr avantgarde.

Luxemburg ist auch das einzige Großherzogtum der Welt. Welche Rolle spielt die Monarchie für das Land?
Eine stabilisierende und identitätsstiftende. Die Luxemburger sind diesbezüglich sehr pragmatisch, glaube ich. Sie wissen, dass wir hier sind, um zu dienen, und sie wissen, dass das Land ohne die Monarchie international nicht die gleiche Sichtbarkeit genießen würde. Als mein Mann im Ausland noch Wirtschaftsdelegationen anführte, was nun unser Sohn Guillaume übernommen hat, waren alle Geschäftsfrauen und -männer dankbar, den Kronprinzen an ihrer Seite zu haben, weil er Türen öffnet. Das ist eine Stärke der Monarchie. Aber ich glaube auch, dass wir, vielleicht mehr denn je, in einer Zeit leben, in der nach Identität gesucht wird. Und die Monarchie ist eine Familie unter allen Familien des Landes, mit der man sich identifizieren kann.

Diese Sichtbarkeit nutzen Sie seit 1997 auch als Sonderbotschafterin der UNESCO, insbesondere für die Themen Mikrokredite und Inclusive Finance, bei denen Sie mit dem Friedensnobelpreisträger Muhammad Yunus zusammenarbeiten. Warum ist Ihnen dieses Engagement so wichtig?
Seit dem Studium, und eigentlich schon davor, hat es mich sehr traurig gemacht, wie es unsere Welt akzeptiert, dass Menschen wegen Hunger und Armut sterben.

Sie dürfen das Volk nun küssen! Am Tag der Hochzeit 1981 wirft Maria Teresa der jubelnden Menge vom Balkon des Palasts einen Kuss zu

Tatsächlich habe ich Politikwissenschaften studiert, weil ich später humanitäre Hilfe leisten wollte. Als ich Jahre darauf Sonderbotschafterin wurde und zu UNESCO-Generaldirektor Federico Mayor sagte, dass ich gerne die Armut bekämpfen würde, da entgegnete er: »Auf ihrer ersten Mission schicke ich sie nach Bangladesch. Sie müssen meinen Freund Muhammad treffen!« Und als ich seine Geschichte hörte, wie seine Grameen Bank damit angefangen hatte, kleinste Beträge an die Ärmsten der Armen zu leihen, da verstand ich, dass Armut ein Problem des Kredits ist. Also begann ich, die Idee von Mikrokrediten zu unterstützen, und dies hat sich auch auf sehr interessante Weise in Luxemburg entwickelt.

Sie sind nicht nur UNESCO-Sonderbotschafterin, sondern auch Schirmherrin von »Esch2022«. Welche Hoffnungen haben Sie für das Jahr als Europäische Kulturhauptstadt?

Nun, sie sind groß. Der ganze Süden hat seit der Stahlkrise einen außerordentlichen Wandel erlebt und Esch-sur-Alzette hat sich ungemein verändert. Belval ist ein Viertel geworden, in dem sich der neue Campus der Universität Luxemburg befindet. Mir ist ebenfalls wichtig, dass der Süden wahrscheinlich die vielfältigste Bevölkerung des Landes hat. »Esch2022« zeigt, was Zusammenleben bedeutet, und das finde ich spannend.

Wenn man wie Sie zu einem Symbol wird und sein Leben lang eine Institution und ein Land repräsentiert, läuft man nicht Gefahr, sein eigenes Ich zu verlieren?

Ich denke nicht. Ein Symbol zu sein ist das eine, ein Mensch zu sein das andere. Und die beiden schließen sich nicht aus – das Symbol ist ein menschliches Wesen, das als solches respektiert werden und das sich selbst treu bleiben muss. Das ist für mich der Schlüssel: sich selbst treu zu bleiben. Es ist merkwürdig, als ich Kronprinzessin wurde, waren viele überrascht, dass ich mit den Menschen sehr herzlich umging. Und manche sagten: »Sie sind den Menschen zu nahe, sie müssen Distanz wahren, das gehört zur Monarchie dazu.« Ich glaube, die Monarchie muss zeigen, dass wir für die Menschen da sind – in guten wie in schlechten Zeiten. Wenn es gut läuft, dann tanzen und lachen wir gemeinsam. Und wenn nicht, dann kann ich jemanden in den Arm nehmen, und das schadet meiner Glaubwürdigkeit nicht im Geringsten. Nie hat jemand mir gegenüber Respekt vermissen lassen, weil ich zu warmherzig war.

22
X
22

Wie ein Mini-Raumschiff wirkt Thomas Feuersteins Werk »Deep and Hot«. Die zwei Meter hohe Skulptur ist Teil der Ausstellung des Karlsruher ZKM in der alten Möllerei in Esch

FOTO: ATELIER THOMAS FEUERSTEIN, MIT FREUNDLICHER GENEHMIGUNG DES KÜNSTLERS UND DER GALERIE ELISABETH & KLAUS THOMAN, INNSBRUCK, VIENNA/VG BILD-KUNST, BONN 2021

ESCH IM SÜDEN LUXEMBURGS IST IM JAHR 2022 **KULTURHAUPT-STADT EUROPAS.** MEHR ALS 2000 EVENTS SIND IM PROGRAMM: VERGESSENE MEISTERWERKE UND REVOLUTIONÄRE MEDIEN-KUNST, WILDE FESTIVALS, EIN ESCAPE ROOM IN EINER MINE UND EINE ZEITREISE PER BUS – MERIAN PRÄSENTIERT **22 HIGHLIGHTS**

---

1 **Als wäre ein gespenstischer Zoo** in die Möllerei eingefallen, so wird es nachts im Viertel Belval aussehen. Die Künstler rosalie und Ludger Brümmer projizieren für ihren »Marathon der Tiere« eine Kolonne von Tieren an die 40 Meter lange Wand der Industrie-halle. Die Videoinstallation in röntgenbildhafter Manier ist ein Schlüsselwerk der vom Karlsruher Zentrum für Kunst und Medien (ZKM) kuratierten Ausstellung **Hacking Identity – Dancing Diversity.** Es zeige, dass Identität sich nicht nur auf den Menschen beziehe, erklärt Anett Holzheid, die mit Direktor Peter Weibel die Ausstellung zusammenstellt. Die Werke setzen sich auf poetische Art mit Facetten von Identität und Diversität auseinander, so wie Thomas Feuersteins Science-Fiction-Skulptur »Deep and Hot« (Foto), ein chemischer Druckreaktor überzogen von einer molekularen Struktur – und so eine Art Verschmelzung von Maschine und Organismus. **Esch-sur-Alzette, Möllerei, 27. Februar bis 15. Mai 2022**

2

Aus Koks wird Kunst!
Die Möllerei, in der einst das Eisenerz und die Koksladungen für die Hochöfen von Belval lagerten, wird das Herzstück der Kulturhauptstadt. Auf 450 Quadratmetern zeigen renommierte internationale Häuser wie das Karlsruher ZKM, aber auch das Haus der Elektronischen Künste aus Basel oder die Ars Electronica aus Linz ihre Ausstellungen – gleich neben den Förderbändern in dem sanierten Industriebau.
Esch-sur-Alzette, Belval, neben den Hochöfen

3

Das Problem bei Zeitreisen ist, dass man oft nicht so leicht zurückkehren kann. Dieses Dilemma gibt es beim **Urban Time Travel** nicht – die Reise ist von Anfang an auf 20 Minuten terminiert. Für den Zeitsprung setzt man sich in einen Bus, zieht die VR-Brille über und reist während der Fahrt durch Belval mithilfe von 3-D-Modellen in drei Kapiteln durch die Geschichte des Viertels. Das Kunstprojekt ist eine revolutionäre Verzahnung aus Virtual Reality und GPS-Tracking – und wird auch nach 2022 bestehen bleiben.
Esch-sur-Alzette, Belval, ab Frühling 2022

4

»Natürlich ist es nicht die Aufgabe der Kunst, die Welt zu retten«, sagt Dr. Sabine Himmelsbach, Direktorin des Hauses der Elektronischen Künste (HEK). »Aber ich glaube schon, dass Künstler alternatives Handeln aufzeigen können.« Die vom HEK kuratierte Schau **Remix Nature** untersucht, wie nachhaltige Lebensweisen aussehen und welche Rolle digitale Werkzeuge spielen könnten. Eines der Werke ist »Deep Swamp« (Foto). Die Idee: Drei künstliche Intelligenzen modifizieren Lebensbedingungen in Aquarien mit verschiedenen Zielen, mal schaffen sie ein natürliches, mal ein künstliches und mal ein aufmerksamkeiterregendes Umfeld.
Esch-sur-Alzette, Möllerei, 3. Juni bis 21. August 2022

FOTOS: FONDS BELVAL, OU CHIACHENG/VG BILD-KUNST, BONN 2021, ALAIN WELTER/ESCH2022, BONN 2021, ASUNDER WAS COMMISSIONED BY THE MAK FOR THE VIENNA BIENNALE 2019. EXHIBITION VIEWS FROM THE ETERNALNETWORK, TRANSMEDIALE 2020.\PHOTOGRAPHS CC NC-SA 4.0 LUCA GIRARDINI 2019/VG BILD-KUNST, BONN 2021

5

Bunt unterwegs. Der Luxemburger Street-Artist Alain Welter verpasst einigen Bussen der TICE-Flotte im Süden des Landes ein knalliges Design mit Motiven aus der Region.

6

DER BERÜHMTESTE EINWOHNER VON ESCH TRÄGT EINE ZIPFELMÜTZE UND IST ZWÖLF METER GROSS. KLAR, DASS AUCH DER RIESE, DER GEMÜTLICH IM WALDBODEN DES PARC MERVEILLEUX IN BETTEMBURG LIEGT, BEI DER KULTURHAUPTSTADT NICHT FEHLEN DARF. DAS FESTIVAL »LITERATOUR 2022« WIDMET IHM EINEN COMIC UND EINEN THEMENWEG DURCH DIE GEMEINDE.

Bettemburg, LiteraTour 2022
22. April bis 28. Mai

7

Lehm aus dem Kongo oder Kreide aus Russland: Im »Museum of Edible Earth« können Besucher Böden probieren, die an vielen Orten noch als Nahrungsmittel genutzt werden. Das Museum ist ein Werk in der von der Ars Electronica kuratierten Ausstellung in der Möllerei. Medienkunst will hier verschiedene Sinne ansprechen und zeigen, wie Künstler und Forscher gemeinsam kreative Lösungen entwickeln. So wie beim Werk »Asunder« (Foto), in dem ein Supercomputer aus Satellitenbildern Vorschläge zur Bewältigung der Klimakrise entwickelt. »Es wird teilweise sehr absurd und lustig«, verrät Kuratorin Laura Welzenbach, Wien etwa bekomme den Rat, sich einen Meereszugang zuzulegen. Es braucht eben doch den Menschen als Entscheidungsträger – auch wenn ein Wiener Kaffeehaus am Strand durchaus Charme hätte.

Esch-sur-Alzette, Möllerei
10. September bis 27. November 2022

9

Seine geradezu unheimlich lebendig wirkenden Tierskulpturen machten August Trémonte bekannt – heute schmücken sie etwa das Rathaus der Hauptstadt. Die Ausstellung in der Galerie Schlassgoart zeigt auch eine andere Seite seines Schaffens: Skizzen, Zeichnungen und Gemälde der Industrie, die Trémonte während des Ersten Weltkriegs als Technischer Zeichner in der Düdelinger Hütte anfertigte.

Esch-sur-Alzette, Galerie Schlassgoart
24. Februar bis 16. April 2022

8

»Eine gigantische Zaubertafel«, so nennt Antonin Fourneau sein Werk **Waterlight Graffiti. Die Idee dafür hatte der Franzose**, als er einen chinesischen Kalligraphen mit Wasser auf den Boden schreiben sah. Auch sein Projekt nutzt Wasser statt Tinte: Mit einem Pinsel, einem Spray oder einem Schwamm werden Besucher auf eine sechs Meter lange Wand aus Tausenden LEDs malen können. Das Wasser dient als Leiter und bringt die Lichter zum Leuchten, sodass jeder hier sein eigenes Kunstwerk schaffen kann. Die Technologie ließ sich Fourneau patentieren, er hat auch einen Prototypen, der in Farben leuchtet, aber schwarz-weiß findet er effizienter und hat dafür seine Gründe: »Der Nintendo Gameboy war schließlich auch besser als der Sega Game Gear.«

Esch-sur-Alzette, Skip, 26. November bis 19. Dezember 2022

10

Ein sehr introvertierter Mann war der Bildhauer Albert Hames (1910-89), Tag und Nacht verbrachte er in seinem Atelier. Dennoch war die Überraschung groß, als man nach seinem Tod mehr als 400 Skulpturen in der Werkstatt entdeckte. Das Atelier und das benachbarte Elternhaus, beide unter Denkmalschutz, werden jetzt zu einem Zentrum für Kreativtourismus umgebaut. Was das bedeutet? Hames' Skulpturen wird im Rahmen des Projekts »Rëm.xx« durch eine Augmented-Reality-Ausstellung neues Leben eingehaucht, dazu sollen in dem Komplex Künstlerresidenzen, Studios für Workshops und etwa zehn Gästezimmer entstehen – in die man sich aber auch als lediglich kunstaffiner Besucher einquartieren kann.
Rümelingen, Rue de la Bruyère, die erste Umbauphase soll im November 2022 abgeschlossen sein

FOTOS: AUGUSTE TRÉMONT, SANGLIER, BRONZE,SANS ANNÉE, COLLECTION PRIVÉE, PHOTO:MEDIART (COURTESY OF GALERIE SCHLASSGOART), A+T ARCHITECTURE, BURFALL D'ARCHITECTFS TFISFN & GIFSI FR M3 ARCHITFCTFS

11

DARF'S NOCH EIN WASSER SEIN? DIE POP-UP-BAR »H2ONLY« ZIEHT MIT ALKOHOLFREIER HAPPY HOUR DURCHS LAND. SITZKISSEN UND DEKO WERDEN AUS ALTEN JEANS SOWIE ALTHOLZ GEMACHT. DAS BENU VILLAGE UND DER NATURPARK ÖEWERSAUER WOLLEN SO AUF DIE VERBINDUNG VON WASSER UND TEXTILPRODUKTION HINWEISEN. BEI VERKOSTUNGEN WIRD EINE AUSWAHL LUXEMBURGER WASSER AUSGESCHENKT.

Die Pop-up-Bar wird im Rahmen vieler Events von Esch-sur-Sûre nach Esch-sur-Alzette wandern, bis August 2022, mehr Infos auf naturpark-sure.lu/projects/h2only

12

Aus dem alten Pavillon in Sassenheim wird ein dunkler Bungalow – komplett mit Mosaik-Kamin (links). Der Bungalow ist eine von elf Herbergen, die entlang des neu eingerichteten Minett Trails entstehen. Die Route ist ein Aushängeschild von »Esch2022«: Der 90 Kilometer lange Trail führt von Clémency nach Düdelingen oder Bettemburg, und entlang seiner Route verwandelt jede Gemeinde ein Gebäude in eine Herberge, sogenannte »Kabaisercher«, darunter ein ehemaliger Waggon und eine schwimmende Insel (Fotos). Die Etappen des Trails sind zwischen 6 und 15 Kilometer lang, lassen sich also perfekt zu einer luxemburgischen Hüttenwanderung verbinden. Für alle, die nicht gerne zu Fuß unterwegs sind: Außer dem Wanderweg wurde auch der 150 Kilometer lange Minett Cycle Trail eingerichtet.

Ab Frühjahr 2022, minetttrail.lu

13

»DAS ZENTRUM VON LUXEMBURG VERSCHIEBT SICH GERADE«

Nancy Braun *hatte schon einige Jobs: Die 49-Jährige übernahm den Holzhandel der Familie, arbeitete als Bankerin und leitete das Forum für zeitgenössische Kunst »Casino Luxembourg«. Jetzt ist sie Generaldirektorin von »Esch2022« und plant das Revival einer ganzen Region*

MERIAN Frau Braun, wir treffen uns im Hauptquartier von »Esch2022« in Belval, wo in wenigen Wochen Eschs Zeit als Europäische Kulturhauptstadt beginnen wird. Steigt die Aufregung bei Ihnen schon oder haben Sie noch Ruhepuls?
NANCY BRAUN Es ist schon sehr viel Aufregung da. Wir haben hier in der Küche eine Uhr, die anzeigt, wie viele Tage es noch sind bis zur Eröffnung am 26. Februar, aber ich habe nie wirklich draufgeschaut. Denn eigentlich wird man sowieso nie wirklich fertig. Wir werden aber sehr froh sein, wenn wir endlich starten.

Es ist das erste Mal, dass die Stadt Esch-sur-Alzette – zusammen mit zehn umliegenden luxemburgischen sowie acht französischen Gemeinden – Kulturhauptstadt sein wird. Was bedeutet dieser Titel für die Region?
Das ist etwas ganz Besonderes und kommt genau zum richtigen Zeitpunkt. Bevor ich meinen Posten antrat, kannte ich den Süden nicht wirklich, aber er ist einfach eine Entdeckung. Hier wurde der Reichtum Luxemburgs geschaffen. Diese Region hat bereits einen Transformationsprozess von der Stahlindustrie zur Wissensgesellschaft hinter sich. Wenn Sie sich hier in Belval umsehen, finden Sie heute die Uni und Forschungsinstitute. Das Zentrum von Luxemburg verschiebt sich gerade, das ist meine feste Überzeugung. Auch darum wird es bei der Kulturhauptstadt gehen: Dieses Potenzial in den Vordergrund zu stellen, vieles anzukurbeln und die Zukunft der Region in die Hand zu nehmen.

Das Motto des Jahres ist »Remix«. Was genau wird denn neu gemischt?
Gemischt werden soll, was eigentlich schon besteht. Das Leitmotiv »Remix« gliedert sich in vier Achsen: Art, Nature, Europe, Yourself. 2019 haben wir einen Projektaufruf gestartet, 130 Vorschläge wurden ausgewählt und auf Herz und Nieren geprüft. Inklusion war ein wichtiges Kriterium, Innovation ein anderes, und natürlich sollte sich auch die europäische Dimension wiederfinden.

Sie waren bereits beigeordnete Generalkoordinatorin, als die Stadt Luxemburg 2007 Europäische Kulturhauptstadt war,

aber bei »Esch2022« waren Sie nicht von Anfang an an Bord. Den Posten als Generalkoordinatorin übernahmen Sie erst, als er 2018 neu ausgeschrieben wurde. Haben Sie bei Ihrer Bewerbung gezögert?

Zum Teil schon. Denn ich konnte mich noch sehr gut erinnern, wie ich am Ende von Luxemburgs Jahr als Kulturhauptstadt gesagt habe: nie nie, nie mehr! Es war eine tolle Erfahrung, aber am Ende wollte ich auf Weltreise gehen, die ich dann durch die Krise 2008 nie antreten konnte. Und trotzdem hatte ich diesen Drang, solch ein eckiges und kantiges Projekt wie »Esch2022« anzunehmen und zu gucken, wie man es aufbauen kann.

Bei Luxemburgs allererster Amtszeit als Europäische Kulturhauptstadt im Jahr 1995 gab es unter anderem ein Konzert der Rolling Stones. Auf welche Highlights können sich Besucher dieses Mal freuen?

Neulich bekam ich eine Nachricht: »Also wenn die Leute sich an 2022 erinnern sollen, dann brauchen wir auch so einen großen Namen!« Aber es braucht keine Kulturhauptstadt, wenn es nur um große Namen geht. Von den 160 Projekten und mehr als 2000 Events haben wir rund 20 Prozent selbst in der Hand – darunter die großen Ausstellungen über digitale Kunst, die in Kooperation mit dem Zentrum für Kunst und Medien aus Karlsruhe, dem Haus der Elektronischen Künste aus Basel und der Ars Electronica aus Linz hier in Belval stattfinden. Das werden schon Flagships sein, aber das Programm ist so aufgebaut, dass der Fokus neben Esch-sur-Alzette jeden Monat auf einer anderen Gemeinde liegt.

Und auf welche Projekte sind Sie persönlich besonders gespannt?

Ich freue mich eigentlich auf jedes. Aber ein Projekt, das mir schon sehr lange am Herzen liegt, ist der Minett Trail. Dieser Pfad ist 90 Kilometer lang, führt durch die ganze Region und verbindet alle Gemeinden miteinander. Er existiert bereits dank des UNESCO-Labels »Man and the Biosphere«, aber seine kulturelle Bespielung liegt bei uns und vielen Partnern. Und das Tolle ist, dass der Trail, an dem unter anderem elf Herbergen errichtet

und viele Projekte stattfinden werden, auch nach 2022 weiter existieren wird.

Mit der Möllerei und der Massenoire werden ehemalige Industriebauten als Ausstellungsfläche genutzt. Ein Glücksgriff oder eine große Herausforderung?

Es ist schon eine Herausforderung. Zum einen wegen der Umbauten, zum anderen sind die Räume an sich sehr präsent, und man muss aufpassen, dass die Kunst nicht untergeht. Bei der Plattform des Hochofens, die auch für Tanz- und Theater-Performances genutzt wird, gab es etwa die Diskussion: In welche Richtung soll das Publikum schauen – hinein in die Maschinerie des Hochofens? Aber wie spricht das Stück mit diesem Dekor? Das würde die Künstler zu sehr blockieren, haben wir entschieden – jetzt sitzt das Publikum mit dem Rücken zu diesem Dekor.

Keine Stadt hat wahrscheinlich so vom Titel als Europäische Kulturhauptstadt profitiert wie Liverpool, ebenfalls eine traditionsreiche Industriestadt, die sich zum attraktiven Ziel für Städtereisen gemausert hat. Ein Vorbild für Esch?

Ich denke schon, auch in Lille und Marseille hat es sehr gut geklappt. Bei Kulturhauptstädten geht es um eine längerfristige Entwicklung. Das ist mit großen Investitionen verbunden, aber es muss auch der politische Wille da sein, diese

Projekte nach 2022 voranzutreiben. Den spüre ich in Esch. Die Stadt hat einen kulturellen Entwicklungsplan beschlossen, in dem »Esch2022« nur ein Element ist. Und wir sind natürlich auch bestrebt, ein Erbe zu hinterlassen.

Wie soll dieses Erbe aussehen?

Ich möchte, dass wir eine Region hinterlassen, die zukunftsweisend ist. Dass wir zeigen, dass es Spaß macht, hier zu leben, und dass man mit einem Projekt wie der Kulturhauptstadt die Zukunft der Region mitgestalten kann.

Gleichzeitig eine Party für ein Jahr und eine Initialzündung für eine ganze Region – ist das nicht eine viel zu große Aufgabe für eine Kulturhauptstadt?

Wahrscheinlich, aber wir sind sehr ambitioniert. Wir sind keine Kunst-Biennale und keine Kirmes, sondern ein riesiges Kultur-Projekt, mit dem sich jeder identifizieren können soll. Wir müssen die Leute mitnehmen auf diesem Prozess, aber der wird 2022 nicht abgeschlossen sein.

Also schaffen Sie es nach dem Jahr wieder nicht auf Weltreise?

Sie steht immer noch auf meiner To-do-Liste! Wahrscheinlich wird es nichts in 2023, wenn ich das Programm so sehe, sondern erst 2024. Ganz ehrlich: So ein Retreat in Bhutan für sechs Monate würde mir dann sehr, sehr viel Spaß machen.

14

Einen Korb zu kriegen, kann so schön sein – zumindest bei den **Acoustic Picnics.** Zu den Konzerten, Theaterstücken und Performances in Luxemburgs größtem Naturschutzgebiet bekommt man auf Bestellung einen Picknickkorb mit Delikatessen. Liegestühle und Decken gibt's gratis obendrauf.

Naturreservat Haard, 27. August bis September 2022

15

»Ich zeichne Krieg, um Frieden zu fordern«, sagt der syrische Künstler Hamid Sulaiman. Da ist es nur passend, dass seine Werke zu den ersten gehören, die im neuen »Musée National de la Résistance et des Droits Humains« zu sehen sein werden. Das renovierte Widerstandsmuseum wird im Februar 2023 eröffnen, aber schon vorher, quasi als Sneak Preview, wird das Haus im Rahmen von »Esch2022« Ausstellungen ungewöhnlicher Künstler-Paare präsentieren: Suleimans Zeichnungen etwa werden zusammen mit denen des Expressionisten Frans Masereel gezeigt (links), der als Pionier der Graphic Novel gilt.

Esch-sur-Alzette, Nationales Widerstandsmuseum, Place de la Résistance, 23. Februar bis 14. August 2022

16

NUR FÜR NERVENSTARKE: IN DER STILLGELEGTEN MINE UMBAU WIRD EIN EIGENER ESCAPE ROOM EINGERICHTET. WEM DAS ZU GRUSELIG IST: IN HUNDERT METER TIEFE FINDEN AUCH KONZERTE UND »DINNER IN THE DARK« STATT.

Die Mine Umbau gehört zur Mine Saint-Michel und befindet sich in der Nähe von Audun-le-Tiche, August bis November 2022

17

Die Fête de la Musique in Düdelingen ist ein Fixpunkt im Luxemburger Kalender – und bekommt 2022 ein weiteres Festival als Opening Act hinzu! Eine Woche vor der Fête (Foto) findet auf dem Gelände der ehemaligen Hütte »Usina22« statt. Lokale Partner wie der Nachtclub »Atelier« bespielen die Bühnen, auch ein großer Headliner ist bereits bestätigt: die mit acht Grammys ausgezeichnete US-Rockband Kings of Leon!

Düdelingen, 11. und 12. Juni 2022

18

Ihren Namen hat die Massenoire von der dunklen Masse, der »masse noire«, die einst als Stopfmasse für das Stichloch des Hochofens genutzt und genau hier gelagert wurde. Nach ihrer Renovierung wird sie neben der Möllerei die zweite große Schaufläche in Belval sein und eine Reihe von Ausstellungen beherbergen, die das industrielle Erbe der Region thematisieren – zum Beispiel die Schau »Frontaliers«, die sich mit dem Alltag der abertausenden französischen Pendler auseinandersetzt, die jeden Tag ins Großherzogtum kommen. Mit Kopfhörern läuft man in der Ausstellung vorbei an gewaltigen Fotografien und hört, wie die Pendler aus ihrem Leben erzählen. Bewegend!
Esch-sur-Alzette, Massenoire, 22. Oktober 2022 bis 5. Februar 2023

19

Grenzgänger willkommen! »Esch2022« ist ein bilaterales Mammutprojekt, denn auch acht Gemeinden im Norden Frankreichs gehören zum Gebiet der Kulturhauptstadt. Deren Leuchtturmprojekt: das frisch eröffnete Kulturzentrum **»L'Arche« in Micheville** (Foto), ein Ausstellungsort für digitale und darstellende Künste, dessen schicke Fassade ab März von der Lichtinstallation »Mécaniques Discursives«, zusammengesetzt aus mehr als 100 Holzgravuren, erhellt wird.

Micheville, L'Arche, 4. März 2022 bis 2. April 2023

20

Nachdem die Luxembourg Pride 2020 nur in digitaler und 2021 nur in verkleinerter Form stattfinden konnte, kommt sie 2022 doppelt so stark zurück! Parallel zu dem einwöchigen Festival, zu dem neben einer großen Parade auch Podiumsdiskussionen, Filmvorstellungen und ein Drag Bingo gehören, findet im Juli auch das erste Queer Arts Festival statt. Im Programm: Lesungen, Konzerte und Performances queerer Künstler. Und: Die Premiere ist nur der Anfang, das Festival soll sich anschließend als Biennale etablieren.

Esch-sur-Alzette, Queer Arts Festival 1. bis 3. Juli 2022, queer.lu/artsfestival

21

Mysteriöse Geräusche am Minett Trail!

Die Outdoor-Klanginstallation **CDLR-76** wurde inspiriert von dem ganz realen russischen Radiosender UVB-76, genannt »The Buzzer«, der seit den Siebzigern unerklärliche Signale aussendet.

Um den Minett Trail in der Nähe von Rümelingen, voraussichtlich ab Herbst 2022

22

Wie sagte Andy Warhol so schön: »Zwei sind eine Menge, drei sind eine Party.«

Traditionell teilen sich zwei Orte den Titel als Kulturhauptstadt, 2022 kommt eine hinzu: Zu Esch und dem litauischen Kaunas (Foto) gesellt sich das serbische Novi Sad – wegen der Pandemie verschob sich dessen Amtszeit um ein Jahr. Je mehr, desto besser, das Trio kooperiert bei Events: So werden etwa die Konzerte des »Jazz Xchange« bei Festivals in allen Regionen stattfinden. Die Party kann also losgehen!

Düdelingen, Kulturzentrum Opderschmelz, 1. April bis 15. Mai 2022

Hier spielt die Musik in »Esch2022«: Theater, Tanz und Co

Eine Stadt, zwei Länder, 1000 Veranstaltungen –
da verliert man leicht den Überblick.
Ein Guide zu den Schwerpunkten im Kulturhauptstadtjahr

GROSSES DRAMA

Theater ist ein zentrales Medium von »Esch2022«, und für viele Stücke ist das **Escher Theater** die erste Adresse. Auf dessen Bühne findet im Mai etwa das Theaterfestival »D'Autres Histoires« eine Heimat. Auch andere Orte in der Region liefern großes Drama: Das **Luxemburger Nationaltheater** wird das Stück »Die Maschine steht still« in einem Bahnhof beginnen, in der Pause fahren Schauspieler und Besucher dann gemeinsam mit dem Bus an einen zweiten Spielort, der als Kulisse für das Ende dient.

BÜHNEN ÜBERALL

Konzerte, von denen 141 im Programm stehen, werden ebenfalls an höchst ungewöhnlichen Orten stattfinden. Das **StreetnoiZe Festival** macht die Straße zur Bühne, die Konzertreihe **Hidden Sessions** erschließt versteckte Ecken der Region. Ein wichtiger Partner ist Luxemburgs größte Konzerthalle, die **Rockhal** in Belval, wo viele Workshops geplant sind – etwa zur Komposition eines Soundtracks. Außerdem ist ein 24-Stunden-Festival elektronischer Musik für Kinder geplant – nur ein Teil des umfangreichen Jugendprogramms.

TANZ IM HOCHOFEN

Mehr als 300 Performances sind geplant, darunter viel Tanz. Keine Aufführung hat so coole Kulissen wie die der Argentinierin **Cecilia Bengolea:** Ihr Stück wird am 14. und 15. Mai 2022 zum einen im Museum für zeitgenössische Kunst in der Hauptstadt getanzt, zum anderen im »Socle C«, der Ruine des Hochofens C in Belval. Zwei Monate später findet am französischen Nationalfeiertag in Villerupt der **Bal Pop** statt: ein fünfstündiges Spektakel aus Tanz, Theater und Musik, an dem jeder teilnehmen kann, zuvor gibt's einen Gratis-Workshop – Partizipation ist ein Leitgedanke von »Esch2022«.

HIER GEHT'S REIN!

Die Kultur spielt die Hauptrolle, aber so ein Jahr als Kulturhauptstadt verlangt ein großes Ensemble – und die wichtigste Nebenrolle haben die vielen umfunktionierten Bauten, in denen Kunst gezeigt wird. Viele sind schon für sich alleine einen Besuch wert, darunter – neben der Möllerei und Massenoire in Belval – die **Konschthal,** die im Oktober 2021 in einem renovierten Möbelhaus eröffnete, und das **Bridderhaus,** ein Krankenhaus, das zum Künstleratelier umgewandelt wird.

NOCH FRAGEN?

Vor Ort erfährt man alles Wichtige im **Besucherzentrum von »Esch2022«,** das sich unter dem Hochofen A in Belval befindet, oder im **Info-Point auf der Place de la Résistance.** Für alle, die sich auf den Besuch einstimmen wollen, sendet das **Radio Art Zone** 100 Tage lang (18. Juni bis 25. September 2022) 24 Stunden am Stück ein Kunstprogramm. Mehr Details zum Projekt und den Partner-Radiosendern online auf radioart.zone. Programm und Infos zu »Esch2022«: esch2022.lu/de

Vom Hochofen C ist nur eine Ruine übrig – und die wird zur Tanzfläche!

FOTO: LUKAS SPÖRL

Frisch gepflückt: Viele Zutaten für seine Gemüseküche findet René Mathieu auf Wiesen und in Wäldern – etwa Wilde Malven (links) oder Begonien für einen Tomatengang mit Holunderblütenwasser (rechts)

DER KOCH, DER AUS DEM WALD KOMMT

TEXT **ANKE DÖRRZAPF** FOTOS **CHRISTINA KÖRTE**

René Mathieu kreiert in der »Distillerie«
in Bourglinster Menüs mit Wildpflanzen, die er selbst
sammelt. Die Aromen von Tüpfelfarn, Wilden Malven
und Bärenklauwurzeln prägen seine nachhaltige Spitzenküche.
Manche Kritiker feiern sein Haus als das beste
vegetarische Restaurant der Welt

Das Menü in der »Destillerie« richtet sich nach der Saison und nach Zutaten, die René Mathieu draußen findet – etwa Birkenpilze oder Gänsefuß für einen Gang mit Trüffel und »pflanzlicher Sahne« (unten links)

Dicke Äste sind zu Boden gedonnert, liegen zwischen den Birken und Buchen. In der Nacht hat es gestürmt. Nun scheint die Sonne wieder, und der Chef stapft in weißen Turnschuhen, dunkelgrauer Stoffhose und mit nach hinten gegelten Haaren durch das Unterholz. »Voilà«, sagt er, »schau, wie viel Tüpfelfarn da wächst!« René Mathieu beginnt mit den Fingern in der Erde zu graben, greift in die Hosentasche, nimmt sein kleines Messer heraus und trennt ein Stück Farn samt Wurzel ab, schabt die Erde weg. »Die Blätter verwende ich für Saucen, die Wurzel zum Süßen.« Er schneidet ein Stück der Wurzel ab, die innen ganz weiß ist. »Probier mal! Das schmeckt richtig zuckrig.«

Fast jeden Vormittag geht René Mathieu in den Wald oder auf die Felder, um Wildkräuter und Wurzeln für seine Küche zu sammeln. Dort, in seinem Gourmetrestaurant im Château de Bourglinster, brät er Beinwellblätter und garniert sie mit Ziegenkäse, legt Amaranth-Blüten in Öl ein. Er verfeinert Rotkohl mit Quitte, lila Malven und einem Jus aus Heideblüten oder entwirft Eis mit dem Geschmack von geräuchertem Buchenholz.

Mathieu macht das so gut, dass er dafür einen Michelin-Stern bekommen hat. Für die »We're smart«-Vereinigung des belgischen Sterne-Kochs Frank Fol, die auf pflanzliche Zutaten fokussierte Restaurants bewertet, ist die »Distillerie« sogar schon zum zweiten Mal in Folge das beste vegetarische Restaurant der Welt.

Die Wurzeln von Mathieus Kochstil gehen zurück bis in die Küche der Großmutter auf dem Land, im französischsprachigen Teil von Belgien: »Wir haben immer viel Gemüse und Wildpflanzen gegessen«, erzählt René Mathieu. »Siehst du die Brennnesseln da drüben am Wegrand? Die hat man früher viel verwendet! Mit Kartoffeln und Zwiebeln hat man daraus eine Suppe gemacht und sie zwei Stunden kochen lassen.« Jetzt nimmt er zwar noch immer Kartoffeln und Zwiebeln für die Suppe, aber die Brennnesseln mixt er erst kurz vor dem Servieren hinein. »Das ist wie bei einem schönen Stück Rindfleisch: Wenn man es einfach nur in kochendes Wasser wirft, wird es grau und verliert Geschmack.«

Nach der Küche bei der *grand-mère* machte er mit 13 erst einmal eine Lehre in einer Gastwirtschaft, allerdings im Service. In die Küche schnupperte er nur rein, beim Abwasch. Doch dabei entdeckte er seine Leidenschaft fürs Kochen. »Ich habe gewusst, dass ich mein eigenes Restaurant eröffnen

will.« Vieles hat er sich selbst beigebracht, mit Erfolg: Mit 21 war er Küchenchef, drei Jahre später kaufte er ein Restaurant, mit 27 kam der erste Stern. Nach der Scheidung von seiner ersten Frau arbeitete er drei Jahre als Koch der großherzoglichen Familie von Luxemburg. Seit 2005 führt er wieder ein eigenes Restaurant, 15 Kilometer von der Hauptstadt entfernt in einem Renaissance-Schloss hoch über dem kleinen Ort Bourglinster.

Nicht weit von dem marschiert René Mathieu weiter querfeldein durch den Wald. Er duckt sich unter einem Busch, klettert einen Hang hoch, immer ein bisschen gebückt, mit dem Blick zu Boden. »Wir haben so tolle Pflanzen bei uns im Wald, die viele gar nicht kennen«, sagt er, streicht mit der Hand über einen niedrigen Strauch. »Die Blätter der Blaubeeren hier sind gut bei Diabetes, und man kann sie für Aufgüsse verwenden.« Bald sind Nelkenwurz, wilde Heide und Giersch in seinem Korb. Zurück am Weg bleibt er stehen, guckt auf ein paar Quadratmeter, die für das ungeübte Auge wirken wie das übliche Unkraut-Gestrüpp, das man überall am Waldrand findet. »Sieh mal, wie viele verschiedene Pflanzen hier nebeneinander wachsen. Die stärken sich gegenseitig. Hier, das ist Patschuli!«

Natürlich müsse man bei Wildpflanzen genau wissen, was man pflücke, sagt René Mathieu, manche Gewächse seien schließlich giftig. »Tüpfelfarn kann man essen, aber der andere Farn hier ist sogar tödlich.« Deswegen sammelt der Chef die Kräuter, Wurzeln und Blüten für seine Gerichte lieber selbst. Sogar im Winter, wenn alles von Schnee bedeckt ist, stapft er durch den Wald. »Du findest zu jeder Jahreszeit etwas. Und saisonale Produkte liefern genau das, was wir in der Jahreszeit jeweils

Der Chef erklärt den Gästen die Wildpflanzen. Sein Menü soll ein Erlebnis sein

brauchen: Sommerfrüchte enthalten viel Wasser, Wintergemüse viele Nährstoffe, da wir bei Kälte und Lichtmangel mehr davon brauchen.«

Im Laufe seiner Karriere hat René Mathieu immer mehr mit Gemüse und Kräutern gekocht und sich auf das zurückbesonnen, was er aus der Küche der Großeltern kannte. Das Wissen über die Wildkräuter hat der Belgier vom Großvater. Der war Förster. »Er kannte alle Pflanzen und Pilze.« Gemüse hat er auf der Schule für Köche höchstens als Beilage kennengelernt. Und so reifte in ihm die Idee einer nachhaltigen Gemüseküche mit vielen Wildkräutern: »Mit 50 habe ich mir überlegt: Was mache ich mit dem Rest meines Lebens? Ich wollte in den letzten Jahren meiner Karriere etwas weitergeben. Viele können sich gar nicht vorstellen, was man mit den Wildkräutern alles machen kann.«

Und dann ist er kaum noch zu stoppen: »Um uns ausgewogen zu ernähren, sollten wir uns zu 80 Prozent pflanzlich ernähren. Heute essen wir dagegen zu 80 Prozent tierische Eiweiße. Unser Organismus ist dafür nicht gemacht. Und der Planet ist krank. Man muss zurück zu einem gesunden Gleichgewicht finden.« Er holt kurz Luft, dann geht es weiter: »Man arbeitet nicht mehr, um sich zu ernähren, sondern um mehr Geld zu haben, und mehr Dinge, die man nicht braucht. Wir sollten lieber weniger haben, aber dafür etwas Gutes.«

Auch in der »Distillerie« geht es um solche Grundsätze: »Wir sind kein normales Restaurant. Die Gäste kommen zu uns, um eine Erfahrung zu machen.« René Mathieu will sie begeistern für eine gute Ernährung. »Wenn du lokal isst, isst du automatisch auch gesund. Voilà, das ist meine Philosophie. Ernährung ist Leben.«

Gegen elf Uhr ist der Chef zurück im Restaurant, die Kräuter sind in der Küche oder in der Vorratskammer verstaut. Der Weidenkorb thront leer am Eingang zur Küche. Eigentlich führt Mathieu sogar zwei Restaurants: das Sternerestaurant »La Distillerie« mit nur einem Menü und die etwas günstigere Brasserie »Côté Cour«. Unten im Dorf passiert nicht viel: Läden gibt es keine mehr, ab und zu fährt ein Auto vorbei. Etwa jede Stunde fährt ein Bus in die 25 Minuten entfernte Hauptstadt.

Der Chef hat sich mittlerweile umgezogen, trägt nun schwarze Hose, schwarzes Hemd, schwarze Schürze. Er wohnt im Château, zusammen mit seiner Frau und seinen beiden Kindern. Nun betritt der 60-Jährige die Küche, probiert die Saucen, die seine sechs Mitarbeiter in der Zwischenzeit angerührt haben. Er holt die Kastanien von einem Blech, arrangiert die stacheligen, grünen Hüllen. Eine Köchin mit streng nach oben gestecktem Haar füllt Sirup ab, den sie zuvor mit Stechpalmenblättern und Douglasien-Spitzen aromatisiert hat. An der Wand steht ein Topf mit gelben Senfblüten.

Es ist die Ruhe vor dem Sturm. Noch sind die Gäste nicht da.

René Mathieu läuft in die Gaststube der »Distillerie«, dekoriert lila Malven, wilde Geranien, Amaranth-Zweige, Brennnessel-Stängel und Nelkenwurz in gläserne Vasen. Später wird er seinen Gästen zeigen, welche Pflanzen er verwendet. Mathieu, der sonst so ernst ist, grinst kurz. »Einige Gäste sind irritiert, dass sie bei uns kein Fleisch bekommen. Am Anfang haben manche wohl gedacht, ich sei so eine Art Druide.«

Zurück in der Küche. Es riecht abwechselnd zuckrig, dann süßsauer, schließlich herb. Wildpflanzen haben ganz unterschiedliche Aromen und Düfte: Manche sind süß, andere erinnern an Mandeln, Erbsen oder Kirschen. Ein Koch bestreicht angebratene Kürbis-Scheiben mit einer fermentierten Jus. Er tut das hoch konzentriert und mit der Hingabe eines Malers, der seine Leinwand bearbeitet. Eine Kollegin gibt kleine Tupfer mit Kürbispüree darauf. Es ist leise in der Küche.

Dann kommen die ersten Gäste: Drei Männer in dunklen Anzügen. Sie setzen sich an einen der schlichten, dunklen Tische. An der Wand hinter ihnen hängen Skizzen von Mathieus Speisen. Die malt der Chef selbst mit Buntstiften und Wachsmalkreiden. Denn die Gerichte mit Birkenrinden, Eicheln und Holunder sollen nicht nur gut schmecken, sondern auch gut aussehen. »Ein Koch will sich mit seiner Arbeit immer auch ausdrücken«, erklärt Mathieu, »wie ein Künstler.«

Oft ist René Mathieu selbst im Gastraum, schenkt »Sommertee« ein, gießt Heidekraut-Jus an, reicht mit Blüten dekorierte Pralinen. An den Wänden hängen Skizzen, die der Koch von seinen Kreationen zeichnet

FOTO: RENÉ MATHIEU

**Kunstvolle Knolle:
Die »verrückte Kartoffel«
ist ein Rezept
von René Mathieu**

In der Küche geht es langsam los. Die ersten Bestellungen gehen ein: »*Deux fois risotto*«, ruft der Souschef und meint damit das Blumenkohl-Risotto mit Tomaten und dem Gewächs, das den schönen französischen Namen *immortelle*, die Unsterbliche, trägt – im Deutschen ist es unter Currykraut bekannt. Natürlich selbst gepflückt vom Chef. Genau so wie die Stechpalmen-Blätter, die dem Sirup eine frische Note verleihen, mit einem Hauch von Mandeln. René Mathieu ist jetzt oft selbst in der Gaststube, zeigt Kräuter, erklärt, wie Rotkohl mit herbem Heidekraut-Jus und dem süßen, leicht zitronigen Geschmack von Quitte harmoniert. Während sich an den Tischen das vielschichtige Menü entfaltet und die Gäste die mal zuckrigen, mal frischen, mal leicht an Brokkoli oder Äpfel erinnernden Aromen der Wildpflanzen kennenlernen, zieht in der Küche das Tempo an. Teller klappern, Töpfe dampfen, Köchinnen dekorieren den Rotkohl-Gang mit lila Malvenblüten. So wird es weitergehen, bis heute Abend, nur mit einer kleinen Pause am Nachmittag.

»Eigentlich endet die Arbeit nie. Es geht von morgens, bis ich abends ins Bett gehe«, sagt René Mathieu und wirkt dabei völlig zufrieden. »Das passt schon. Schließlich ist das meine Leidenschaft.« ∎

Château de Bourglinster
René Mathieu führt hier das Gourmet-Restaurant »La Distillerie« (Menü ca. 125-145 Euro) und die Brasserie »Côté Cour« (Menü ca. 55-65 Euro). Besser reservieren!
Bourglinster, 8 Rue du Château, bourglinster.lu

Verrückte Kartoffeln mit Birnen, Trüffeln und getrüffelter Sherry-Sahne

Zutaten für 4 Personen

Für die verrückten Kartoffeln
4 schöne Kartoffeln
2 Birnen
2 schwarze Trüffeln
etwas Olivenöl
4 nussgroße Butterstücke
Fleur de sel
Pfeffer aus der Mühle (möglichst immer frisch)
Thymianblüten
frischer Oregano

Für die getrüffelte Sherry-Sahne
etwas Schlagsahne (geschlagen)
etwas Trüffel
Sherryessig

Zubereitung

1 Den Backofen auf 180 °C vorheizen.
2 Kartoffeln waschen. Jede im Abstand von etwa 2 mm einschneiden. Dabei nicht bis ganz unten schneiden, damit die Kartoffeln ganz bleiben und sich wie Fächer öffnen. Bei Schwierigkeiten zur Sicherheit zwei Spieße senkrecht zum Schnitt an der Unterseite der Kartoffel befestigen.
3 Die Trüffeln in dünne Scheiben schneiden und jeweils eine mit den Thymianblüten in jeden Kartoffeleinschnitt schieben. Die Kartoffeln mit Oregano und Pfeffer bestreuen und salzen. Dabei darauf achten, dass wirklich jede Kartoffelscheibe garniert ist.
4 Auf jede Kartoffel ein nussgroßes Stück Butter geben. Ein wenig Olivenöl darübergießen. Die Kartoffeln auf ein mit Backpapier belegtes Backblech geben und je nach Größe der Kartoffeln 50-60 Minuten im Backofen garen.
5 In der Zwischenzeit die Birne in feine Scheiben schneiden. Wenn die Kartoffeln fertig sind, die Birnenscheiben in die Kartoffeleinschnitte schieben und mit etwas Olivenöl beträufeln. Heiß servieren. Dazu passt aufgeschlagene, mit Trüffel und Sherryessig abgeschmeckte Sahne.

Varianten

Die Kartoffeln etwas großzügiger garnieren, um daraus eine Hauptmahlzeit zu machen. Die Auswahl ist je nach Jahreszeit riesig: So kann man Scheiben von Zwiebeln, Äpfeln oder Pilzen hinzufügen, Ziegenfrischkäse verwenden oder sogar Entenbrust oder Speck. Einfach ausprobieren und dazu zum Beispiel einen grünen Salat servieren.

Vielfalt im Glas und auf dem Teller

Heute Schweinenacken, morgen Schaumwein: Für Genussmenschen bietet Luxemburg ein vielseitiges Potpourri – und eine große Auswahl an Spitzenrestaurants

L'ANNEXE

In der modernen Brasserie, zu der auch eine hübsche Terrasse über dem Stadtteil Grund gehört, kombiniert Christi Badea französische Kochkunst mit internationalen Aromen. So entstehen ausgeklügelte Gerichte wie gebratene Entenleberpastete mit Rotweinpfirsich und Koriander oder gegrillter Tintenfisch mit roter Zwiebelcreme und Erdbeeren. *Délicieux!*
Stadt Luxemburg, 7 Rue du Saint Esprit
lannexe.lu

L'ATELIER WINDSOR

Große Fenster, alte Fliesen und helle Holzmöbel prägen das feine Restaurant an der Place de l'Étoile in Luxemburg. Die Küche ist inspiriert von Kochlegenden wie Auguste Escoffier und Paul Bocuse und serviert französische Klassiker in der Machart der Meister. Egal ob Schweinefußterrine, confiertes Lammkarree oder Königinpastete – Teddy Ragain überzeugt mit besten Produkten und gekonnter Zubereitung.
Stadt Luxemburg, 2 Rue de Rollingergrund
atelierwindsor.lu

BISTRONOME

Der Name ist Programm in diesem Restaurant in Strassen, etwas westlich der Hauptstadt: Die in frankofonen Ländern beliebt gewordene *bistronomie* steht für eine Verbindung von ambitionierter Küche und legerer Atmosphäre. Für ersteres zuständig ist Jean-Charles Hospital, der französische Gerichte neu interpretiert. Dem Steinbutt mit Nussbutter etwa stellt er Kohl und Ingwer an die Seite, die gebratene Taube kommt mit Kumquat und Artischocken. Aber auch Bistro-Klassiker bereitet er verlässlich zu.
Strassen, 373 Route d'Arlon, bistronome.lu

MOSCONI

In Luxemburg bietet das Ehepaar Mosconi am Ufer der Alzette in elegantem Ambiente traditionell italienische Küche – auf höchstem Niveau. Gekocht wird mit Top-Produkten und ohne Chichi. Die scheinbare Einfachheit macht den Erfolg des Sterne-Restaurants aus: Die Linguine mit Sardinen und confierter Zitrone etwa sind ebenso köstlich wie das wunderbar komponierte Dessert aus Äpfeln, Birnen, Vanilleeis – und Tomaten.
Stadt Luxemburg, 13 Rue Munster,
mosconi.lu

RESTAURANT LÉA LINSTER

1982 übernahm Léa Linster das Lokal ihrer Eltern in Frisange nahe der Grenze zu Frankreich. Fünf Jahre später wurde es mit einem Stern ausgezeichnet, zwei Jahre darauf gewann Luxemburgs bekannteste Gastronomin als bisher einzige Frau den renommierten Kochwettbewerb »Bocuse d'Or«. Mittlerweile leitet Sohn Louis die Küche, und auch seine Gerichte – etwa Wagyu-Rind mit Roter Bete, Haselnuss und Trüffel – schmecken herausragend. Auf der Terrasse sitzt man unter Walnussbäumen und blickt auf sanft abfallende Hügel.
Frisange, 17 Route de Luxembourg, lealinster.lu

Spezialitäten

Die mit mariniertem Kalbs- und Schweinefleisch gefüllte **Rieslingspaschtéit** soll der Gründer des Feinkostgeschäftes »Kaempff-Kohler« erfunden haben. Damit beim Backen die Luft aus der Mürbeteigpastete entweichen konnte, stach Pierre Kaempff einen »Schornstein« in den Teig, durch den er später Riesling-Gelee einfüllte.
Stadt Luxemburg, 10 Rue du Curé
kaempff-kohler.lu

Die wichtigste Zutat des Nationalgerichts **Judd mat Gaardebounen** ist gepökelter Schweinenacken, der *Judd*. Dieser wird mit Lauch, Lorbeer, Zwiebeln und Nelken in Brühe weich gekocht und mit Rahm verfeinert. Einen guten Judd gibt es in der Hauptstadt in der »Brasserie Osada« – serviert mit Saubohnen und Kartoffelpüree.
Stadt Luxemburg
35 Rue Laurent Ménager

Wenn im Herbst die Zwetschgen reif werden, laufen in Luxemburg die Öfen für die **Quetschentaart** heiß. Jede Familie hat ihr eigenes Rezept für diesen Zwetschgenkuchen, die traditionelle Machart besteht aus einem einfachen Hefeboden, der üppig mit saftigen Früchten belegt wird. Zu haben ist er aber natürlich auch in jeder Bäckerei und Konditorei, die etwas auf sich hält.

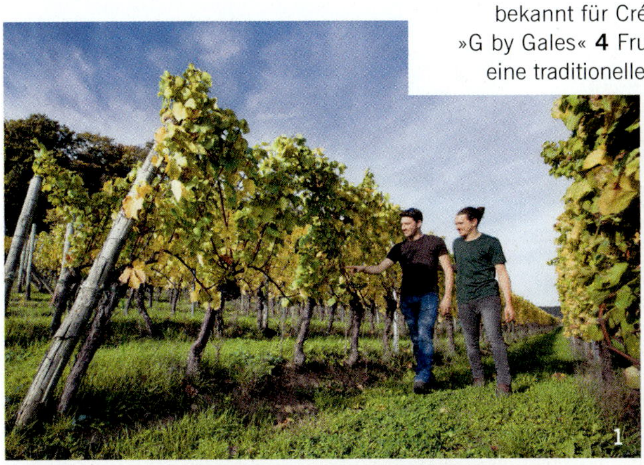

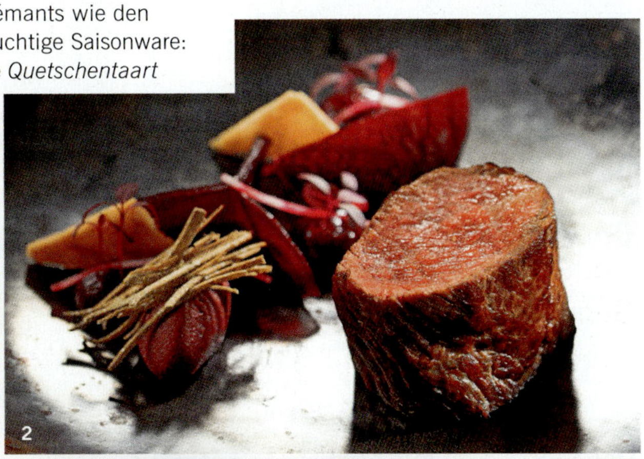

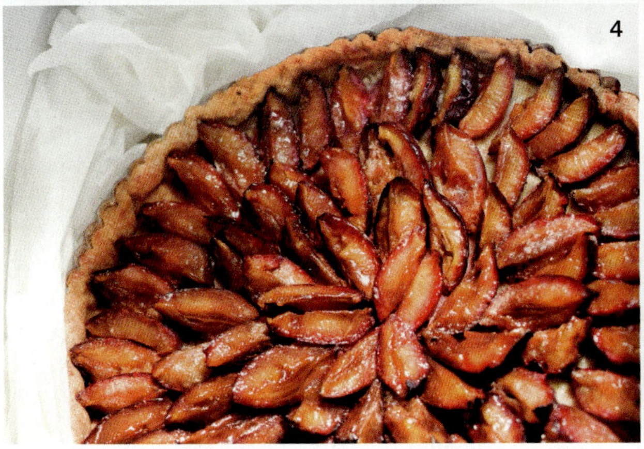

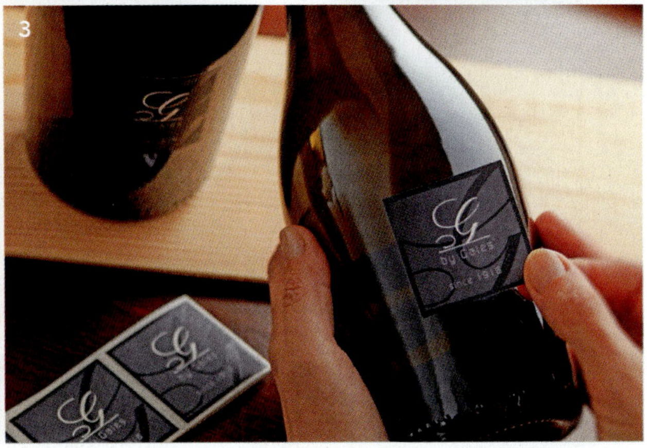

1 Nicolas und Mathieu Schmit von der Maison Viticole Schmit-Fohl **2** Wagyu-Rind mit Roter Bete im Restaurant Léa Linster **3** Die Caves Gales sind bekannt für Crémants wie den »G by Gales« **4** Fruchtige Saisonware: eine traditionelle *Quetschentaart*

Die unbekannte Seite der Mosel

Nur im Vatikan wird pro Kopf mehr Wein konsumiert als in Luxemburg. Das Anbaugebiet der heimischen Weine ist das eigene Ufer der Mosel: Zwischen Wasserbillig und Schengen erstrecken sich die Weinberge auf rund 40 Kilometern entlang des Grenzflusses. Rund 340 Weingüter gibt es hier. Auf den sonnigen Hängen wachsen größtenteils weiße Rebsorten, darunter Rivaner (Müller-Thurgau), Riesling, Auxerrois, Weiß- und Grauburgunder.

Die wohl besten Rieslinge des Großherzogtums gedeihen auf der **Steillage Koeppchen,** durch deren starke Neigung die Trauben maximale Sonneneinstrahlung bekommen. Die Weine aus dieser Lage gibt es zum Beispiel in Wormeldange bei Pierre Wesner zu erstehen, der mit seinem deutschen Kellermeister Hans-Jörg Befort die **Domaine Alice Hartmann** leitet und zahlreiche Luxemburger Spitzenrestaurants beliefert (alice-hartmann.lu). Ebenfalls exzellent sind die **Domaine Henri Ruppert** in Schengen (domaine-ruppert.lu) und die **Maison Viticole Schmit-Fohl** in Ahn, die schon seit dem 18. Jahrhundert besteht und heute feine Bio-Weine vinifiziert (schmit-fohl.lu).

Ein beträchtlicher Teil der Trauben wird inzwischen auch zu hervorragendem Schaumwein verarbeitet. Einer der wichtigsten Produzenten des *Crémant de Luxembourg* ist der 1916 in Bech-Kleinmacher gegründete Familienbetrieb **Caves Gales,** der die Flaschen tief unter der Erde in einem Felsenkeller reifen lässt und mit den Schaumweinen regelmäßig Preise gewinnt (gales.lu).

TIEF VERGRABEN

Die Luxemburger Top-Winzerin Corinne Kox ist eine moderne Traditionalistin: Sie behandelt ihre Reben mittels Drohnen, stellt aber auch nach altem georgischen Brauch einen Riesling in einem Tongefäß her, das sie in der Erde vergräbt. Der Geschmack: erstaunlich frisch!

Remich, 6 a Rue des Prés
domainekox.lu

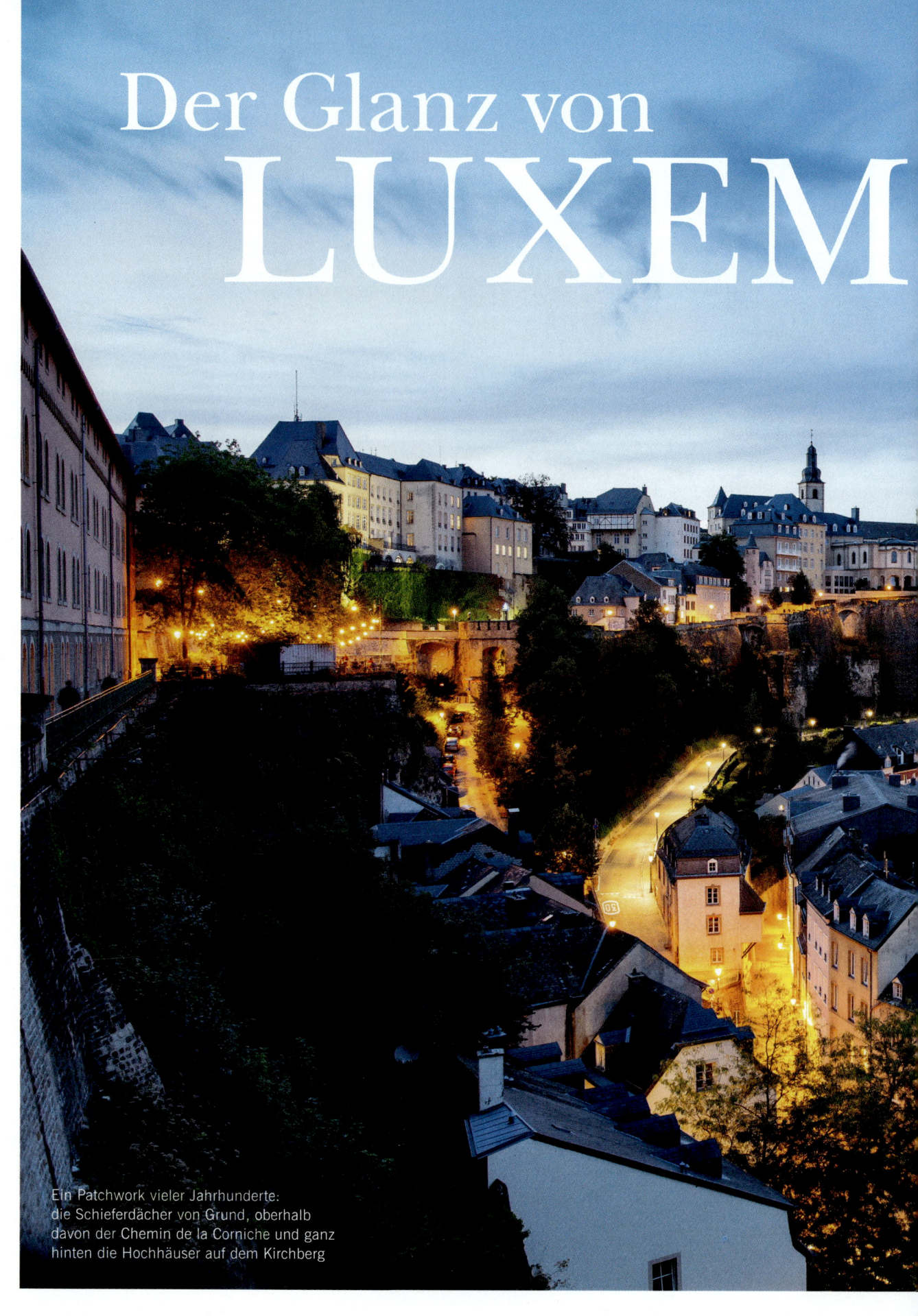

Der Glanz von
LUXEM

Ein Patchwork vieler Jahrhunderte:
die Schieferdächer von Grund, oberhalb
davon der Chemin de la Corniche und ganz
hinten die Hochhäuser auf dem Kirchberg

BURG

Die Stadt ist seit mehr als 1000 Jahren im Fels verwurzelt
und pflegt ihr eigenes, wechselhaftes Tempo. MERIAN-Redakteurin
Tinka Dippel hielt Schritt und staunte: über die Lebensfreude,
die Dynamik und die Wandelbarkeit dieser historischen Perle

FOTOS **CHRISTINA KÖRTE**

> »EIN FREUND HAT GESAGT:
> ›BLEIB HIER, HIER GEHST DU
> NICHT VERLOREN, HIER
> FINDEST DU DICH ZURECHT‹«

MUSTAFA SOLAK

Zwei sehr beliebte unter den zahlreichen
Altstadtkneipen: das »Kaale Kaffi«
(im Bild Chef Mustafa Solak) und die
Weinbar »Dipso« (rechts)

Beste Aussichten: vom Balkon am Boulevard Victor Thorn auf den Kirchberg (oben) und von der Corniche auf den Stadtteil Grund (links). Die Terrasse dort wird im Sommer zur Open-Air-Weinbar

D as Kribbeln in den Füßen setzte ein, da war ich noch gar nicht angekommen. Meine Freundin Christina, die Fotografin dieser Geschichte, schickte mir eine Sprachnachricht nach der anderen, erzählte außer Atem von ihren Streifzügen, von Menschen mit filmreifen Lebensgeschichten, von Tagen, die nicht enden wollen und sollen. »Das ist so ein cooler Ort, ich bin schnell warm geworden mit der Stadt und schon so viel gelaufen – schade, dass du noch nicht da bist!« Im Hintergrund hörte ich Stimmengewirr.

Und nun stehe ich auf Christinas liebster Luxemburger Terrasse, am Ende des Chemin de la Corniche, jenem Weg mit dem tausendfach zitierten Beinamen »schönster Balkon Europas«. Mein Blick fährt Achterbahn, fällt die steile Felswand hinunter, über die sich »die Corniche« windet, auf die in der absinkenden Sonne schillernden Schieferdächer von Grund, einem der ältesten Teile der Stadt, und steigt dann wieder auf zu den bläulich schimmernden Türmen auf dem Kirchberg, dem noch jungen Banken- und »Europaviertel«. Es ist noch früh am Abend, kein Tisch auf der Terrasse ist mehr frei. Ich bin überrascht, wie schnell sich in der Stadt des großen Geldes diese Weinbar füllt.

Ich spaziere die Corniche entlang, biege ab in die Altstadt, und dort wird mir schnell klar, dass die Terrassen-Bar nicht die einzige ist. All die edlen Boutiquen haben bereits zu, überall wird Apéro getrunken, und die zahlreichen Kneipen füllen sich. Luxemburg macht sich erstaunlich früh locker. Und während ich noch überlege, wo ich nun hingehe, sitze ich schon bei Mustafa Solak, der mir vor seinem »Kaale Kaffi« sofort einen Stuhl und ein Bier anbietet. Er erzählt, wie er von Istanbul erst nach Florenz kam, um Restaurator zu werden, und dann der Liebe wegen auf einer Reise in Luxemburg hängen blieb. Ich versinke halb in einem Sofa, der ganze Laden ist voller dicker Teppiche, Vasen, Lampen und erfüllt mit Chansons. Mustafa spricht von der Zeit, als er erfolgreich mit Antiquitäten handelte, bis die Finanzkrise in sein Leben einschlug. Über Umwege kam er zum »Kaale Kaffi« und fing neu an. Ein Satz aus seiner Geschichte wird mir in den nächsten Tagen immer wieder nachklingen: »Ein Freund hat gesagt: Bleib hier, hier gehst du nicht verloren, hier findest du dich zurecht.«

Später bleibe ich vor der Weinbar »Dipso« bei Tanja de Jager hängen. Ihr mit einem breiten Lachen geschmücktes Gesicht kennt hier jeder, 14 Jahre lang hat sie für RTL eine Kochsendung moderiert, vier Jahre lang saß sie im Stadtrat, diverse Läden hat sie schon betrieben, das kleine »Dipso« in einem Gebäude aus dem 17. Jahrhundert ist ihr Herzensprojekt in dieser Stadt, die sie gerade »unheimlich spannend« findet. Vor wenigen Jahren habe sie noch jeden gekannt, »jetzt kommen immer neue Leute, schöne Leute, interessante Leute«. Und schließlich lande ich mit Lucien Elsen auf der Terrasse vor

Autorin Tinka Dippel an der Panoramalift-
Bergstation. Im Hintergrund: der Kirchberg.
Ihr zu Füßen: Pfaffenthal, das wie Grund
(rechts) an der Alzette liegt

71 Höhenmeter überwindet der 2016 eröffnete Panorama-Aufzug. Er verbindet das im Tal der Alzette gelegene Viertel Pfaffenthal mit dem Park »Pescatore« in der Oberstadt

seinem »Mesa Verde«, das vor rund 30 Jahren das erste vegetarische Restaurant der Stadt war. Damals ein Wagnis: kein Fleisch im an deftige Küche gewöhnten Luxemburg, und das mitten im Regierungsviertel, »keine sechs Monate hat man mir gegeben«, erinnert sich Elsen. Aber er ist geblieben, gilt heute als ein Urgestein der Gastroszene. Die schmale Gasse vor seinem Restaurant hat er mit bunten Lampions geschmückt und zu einem Kultur-Treffpunkt gemacht.

Spät am Abend auf dem Weg zum Hotel gebe ich Christina recht: Man wird schnell warm mit dieser Stadt, man saugt Lebensgeschichten auf, und man läuft und läuft. Dabei ist Luxemburg noch etwas kleiner als Flensburg, an seinen Maßen liegt es also nicht. Das Kribbeln in den Füßen kommt woanders her, es hängt mit der außergewöhnlichen Topografie zusammen. Zwei unscheinbare Flüsschen, die Alzette und die Petruss, haben sich mit viel Zeit zwei schlängelige Täler gegraben und so ein abwechslungsreiches Oben und Unten geschaffen. Natürliche Felswände und alte Wehrmauern, Torbögen, Brücken und Treppen geben der Stadt eine Struktur.

Durch massiven Fels beame ich mich am nächsten Morgen vom Heiliggeist-Plateau mit einem Aufzug von der Oberstadt hinunter nach Grund. Vielleicht fühlt es sich nur so an, vielleicht ist die Luft hier wirklich ein, zwei Grad frischer. Ich stehe auf einer Brücke über der Alzette, und mein Blick klettert langsam die massive Felswand hinauf, die er gestern in Aperitif-Laune hinuntergefallen ist. Hier zeigt sich die ganze Uneinnehmbarkeit der Stadt. Die wird ausschlaggebend gewesen sein dafür, dass Graf Siegfried im Jahr 963 eine Burg auf dem Felsvorsprung erwarb, der heute das nördliche Ende der Corniche markiert. Von diesem Felsen aus hat sich die Stadt entwickelt, 963 gilt als ihr Geburtsjahr. Die später ausgebaute Festung, die zeitweise eine der bedeutendsten in Europa war, wurde zwar 1867 geschliffen, ist aber in Teilen noch gut erkennbar, zusammen mit den Altstadtvierteln wurde sie 1994 UNESCO-Welterbe. Heute hat Luxemburg gut 120 000 Einwohner aus rund 170 Nationen.

Und obwohl die Stadt sich tagsüber manchmal gut doppelt mit Menschen füllt – Zigtausende Pendler kommen aus Lothringen, Belgien, Rheinland-Pfalz und dem Saarland – wirkt sie dann vor allem hier unten weniger lebendig. Wohl weil sie konzentriert bei der Arbeit ist. Jede Menge Gelder fließen, teils am einen oder anderen Fiskus vorbei, hierher in trutzige Banken oder Firmensitze. Am Ende des Geländes der einstigen Brauerei Mousel etwa, heute eine Party- und Restaurantmeile namens »Rives de Clausen«, erinnert ein dunkler, umfangreicher Microsoft-Klotz daran, dass vor dem Vergnügen erstmal Geld verdient werden muss.

Dass die Stadt Geld hat, das zeigt sie auch etwa mit dem verglasten Panoramalift, mit dem ich mich unzählige Male aus dem Tal hinaus und wieder hineinzoome. Ich werde der Rundum-Aussicht nicht überdrüssig und gratuliere innerlich der

»ALLE FINDEN LUXEMBURG
SCHÖN – ABER ICH HABE
DIE RICHTIG SCHÖNE ZEIT
NOCH ERLEBT«

ARMAND WAGNER

Bei Armand Wagner gibt es zu seltenen Antiquitäten
unzählige Geschichten aus dem alten Luxemburg.
Noch jung ist die Stadt auf dem Kirchberg, wo die
Philharmonie (rechts) ein beliebter Foto-Spot ist

Auf dem Kirchberg-Plateau geht's um Geld und Politik, viele Banken und EU-Institutionen haben hier ihren Sitz (links). Wo der Großherzog residiert: im Palast mitten in der Altstadt (oben)

Stadt dazu, wie gut sie sich zu inszenieren weiß. Und meine Füße können noch etwas länger ausruhen, mit der Standseilbahn geht es schräg gegenüber vom Panoramalift weiter auf den Kirchberg zu den Banken und EU-Türmen. Zugig ist es dort oben, etwas ratlos umrunde ich die durchaus spektakuläre Architektur der Philharmonie und des Europäischen Gerichtshofs. Das Kribbeln in den Füßen spüre ich hier oben kaum, mein Vorhaben, den Kirchberg zu Fuß zu erkunden, macht mein Handy mit der Ansage zunichte, dass ich bis ans andere Ende knapp eine Stunde unterwegs wäre – eine schnurgerade Stunde ohne jede Kleinteiligkeit. So klein die Fläche der Stadt ist, so überdimensioniert wirken einige ihrer Bauten. Aber auch hier lässt Luxemburg seine Besucher nicht allein. Ein paar Meter weiter hält im Vier-Minuten-Takt die hochmoderne, wenige Jahre alte Tram, mit der ich alles fix einmal abfahren kann – das Europäische-Parlament, die Nationalbibliothek, die Uni, das Shoppingcenter »Auchan« – und dann schnell wieder in der Altstadt bin.

Man hat am meisten von Luxemburg, wenn man sein jeweiliges Tempo mitgeht. In Grund ist es dörflich-gemächlich, auf dem Kirchberg geldgetrieben-turbomäßig, im Zentrum wechselhaft dynamisch. Da gibt es schon einige, denen Denkmalschutz und UNESCO-Auflagen nicht reichen, denen sich ihre Stadt zu schnell verändert. Armand Wagner ist eine gewichtige Stimme dieser Fraktion, seine baumlange, bärige Gestalt wacht über eine Schatzkammer von Antiquitäten und Kuriositäten. Nachdem er ins Erzählen gekommen ist, sitze ich für zwei Stunden in seinem Antiquitätengeschäft zwischen königlichem Porzellan, Gemälden, Jagdtrophäen, Schmuck und Anekdoten. Armand Wagner beschreibt die Stadt seiner Jugend, als auf dem Kirchberg erst ein einziges Hochhaus stand, die 1966 eröffnete Tour Alcide de Gasperi, in der regelmäßig die Minister der EU tagen. Als der Boulevard Royal noch gerahmt war von stattlichen Villen, die später auf Kosten der Optik den Banken Platz machten. Um die 150 sollen es in der Stadt aktuell sein. »Mit der Tram ist es noch schlimmer geworden, die hat alles verschandelt«, meint Wagner. »Alle finden Luxemburg schön – aber die haben es nicht gekannt wie ich, ich habe die richtig schöne Zeit noch erlebt.«

Die schöne Zeit, sie wird gerade ein bisschen zur Generationenfrage. Paul Bintner ist ein Fan der Veränderung, vor allem der Tram, »ich finde, dass die Stadt durch sie sehr viel moderner geworden ist«, sagt er. So sieht er es jeden Tag vor allem im Viertel Gare, wo er arbeitet, in dem markanten, oft als Schloss missverstandenen Bau, in dem die Sparkasse ihren Sitz hat. Paul Bintner ist Bankangestellter, sein Hobby aber ist Straßenfotografie, er zieht durch die Stadt und macht Bilder, die im Moment entstehen und zu Milieustudien werden. Vor zehn Jahren hat es auch ihn in den Füßen gekribbelt, da hat er mit dem Fotografieren angefangen, ist alleine losgegangen, oft

»ICH HABE OFT SORGE, DASS
WIEDER IRGENDEIN
GROSSER INVESTOR KOMMT«

ALAIN WELTER

Die Kultur bekommt neue Räume: Seit
2015 sind die »Rotondes« Kulturzentrum
und Motor des Viertels Bonnevoie. 2016
eröffnete der Skatepark Péitruss (rechts)

Sein Künstlername lautet MOPE, dieses Werk von ihm steht mitten in der Stadt: Alain Welter vor der Trafo-Station auf dem Glacis-Feld, das er im Auftrag eines Stromanbieters gestaltet hat

in der Mittagspause, hat seine Heimatstadt neu entdeckt. Er fand andere Motiv-und-Stadt-Entdecker, organisierte erste Events – »da kamen 100 Leute, für Luxemburg war das fast schon ein Großevent« – und ist inzwischen einer der Veranstalter des Festivals für Street Photography in den »Rotondes«, zwei runden, ehemaligen Lok-Wartungshallen neben dem Hauptbahnhof. 2007, als Luxemburg und die Großregion Kulturhauptstadt Europas waren, wurden sie zur Kultur-Schaltstelle und später zum Kulturzentrum ausgebaut. Sie liegen in Bonnevoie, dem multikulturellsten Viertel, einer Ecke, die keinen Feierabend braucht, um sich locker zu machen und am wenigsten geleckt ist.

Ansonsten ist Luxemburg ein Muster an Sauberkeit mit einer beachtlichen Mülleimerdichte. Schmuddelige Ecken gibt es hier kaum, alles hat seine Ordnung und seinen Platz, selbst Graffiti und Skaterrampen. So wie auf dem alten Schlachthof im Stadtteil Hollerich, wo Skater und Sprayer sich austoben können. »Meine größte Sorge war hier, dass wie so oft ein großer Investor kommt«, sagt Alain Welter, einer der bekanntesten Graffiti-Künstler der Region, der dort viele Wände gestaltet hat. Aber die Stadt erhielt das Gelände, und wenn in Luxemburg mal beschlossen ist, dass ein Ort für die Kultur bleiben soll, dann ist Geld zumeist kein großes Thema.

An meinem letzten Abend in der Stadt laufe ich über die Brücke Passerelle, unter der Skater auf einem riesigen flutlichtbeschienenen Gelände ihre Tricks zeigen. Das Kribbeln in meinen Füßen hat nicht nachgelassen, nun stecken sie in Joggingschuhen. Wie jeden Donnerstag trifft sich heute die Laufgruppe »Fat Betty Run« – immer um Viertel vor sieben vor derselben Bar, bei Wind und Wetter, für eine 10-Kilometer-Runde durchs geballte Welterbe.

Wir sind 40 Läufer, ein typischer Luxemburg-Mix: altersmäßig vom Studenten bis zum Rentner, sprachlich von Russisch über Portugiesisch und Spanisch, Englisch und Italienisch bis zum Luxemburgisch und auch Deutsch alles dabei. Und es wird viel geredet auf dieser Runde, die uns rauf und runter durch die Stadt führt, immer motiviert und angetrieben von den vier Gründern der Gruppe, für die ein Marathon sonst das Mindeste und das hier ein großer, entspannter Spaß ist. Während meine Hoffnung schon den Lift im Fels ins Visier nimmt, schwenken sie auf die Rue Large, die wie eine Piste steil hinauf ins Herz der Stadt führt und uns atemlos auf den Fischmarkt, direkt vor die Weinbar »Dipso« purzeln lässt. Von dort nehmen wir die Altstadtgassen, vorbei an Mustafas »Kaale Kaffi«, am Palast des Großherzogs und dem Finanzministerium zurück zum Treffpunkt, angefeuert von all den Menschen, die jetzt – es ist mal wieder Apéro-Zeit – draußen sitzen.

Dieses Kribbeln in den Füßen, das wird mir an diesem Abend klar, hört hier nicht auf. Es gehört zu Luxemburg und hilft, Schritt zu halten mit seiner Dynamik und Energie. Es ist, als hätte ich all meine Luxemburg-Wege noch einmal laufend zurückgespult, und noch immer bin ich ihrer nicht müde. ■

Wenzel-Rundweg

Falls Ihnen meine roten Fäden durch die Stadt zu subjektiv sind: Das Tourist Office bietet geführte Touren auf diesem sehr guten, 5,5 Kilometer langen Weg an. Corniche, Abtei Neumünster, Bockfelsen, alles dabei. Motto: »1000 Jahre Geschichte in 180 Minuten«. Die Tourist Info befindet sich direkt am Knuedler.

30 Place Guillaume II
luxembourg-city.com

Bock-Kasematten

Wenn Corona es wieder zulässt, sollten Sie abtauchen: in die Unterwelt des Bockfelsens. Von den 23 Kilometer langen Gängen, die dort ab dem 17. Jahrhundert (maßgeblich durch den Festungsbauer Vauban) entstanden, sind 17 Kilometer noch heute begehbar. Auch hier: Infos über das Tourist Office (s. oben).

Fat Betty Run

Ein bisschen Training und gute Laufschuhe: Mehr brauchen Sie nicht für einen grandiosen Luxemburg-Rundlauf mit dieser gut gelaunten Gruppe. Gründer Guido, Dan, Yves und Stéphane geben die 10-Kilometer-Route vor und sorgen dafür, dass unterwegs niemand verloren geht. Treffen ist donnerstags um 18.45 Uhr vor dem »Independent Café«.

6 Boulevard F. D. Roosevelt
fatbetty.run

Der Mix macht's!

Die große Vielfalt an Perspektiven, Kultur und Kneipen überraschte MERIAN-Redakteurin Tinka Dippel. Hier geht sie mit Ihnen auf Tour durch die Hauptstadt

Die Altstadt erkunden

OBERSTADT

Ein Spaziergang auf der **Corniche** ist ein optisches Fest und ein super Luxemburg-Einstieg – keine Sorge, die Augen-Party wird jenseits des Panoramawegs (entstanden aus einem steinernen Wall, den Franzosen und Spanier hier im 17. Jahrhundert anlegten) weitergehen. Durch die Rue du St Esprit, wo Sie im **Mesa Verde** hervorragend vegetarisch essen können (z. B. den sehr guten Salat), und weiter über den Krautmarkt gelangen Sie zum **Großherzoglichen Palast,** der von außen zu bestaunen ist. Standesgemäßer Genuss dazu: ein Madeleine und ein Glas Crémant bei **Léa Linster,** schräg gegenüber vom Palast (4 Rue de l'Eau). Weiter geht es zu den zwei großen zentralen Plätzen: der Place Guillaume II, in Luxemburg besser bekannt als **Knuedler,** und der **Place d'Armes,** die als »Salon der Stadt« gilt. Tipp: Setzen Sie sich dort mit einem Eis von **Veneziano** (sehr gute klassische Sorten, riesige Portionen) auf die Stufen vor dem Stadt-Palast Cercle-Cité und lassen Sie den bunten Luxemburg-Mix an sich vorbeiziehen.
Jetzt sollten Sie gestärkt sein für zwei Museen, die ich Ihnen sehr ans Herz lege: das **Nationalmuseum für Geschichte und Kunst** (direkt am Fischmarkt, mnha.lu) und das **Stadtmuseum** (14 Rue du St Esprit, citymuseum.lu). Beide zusammen erzählen eine Menge über das Großherzogtum und seine Hauptstadt, wie beide entstanden sind, wie sie ihren Status erhielten, reich und ein EU-Schmelztiegel wurden. Gleich neben dem Nationalmuseum gibt es in der **Weinbar Dipso** einen Wein aus luxemburgischen Trauben. Zum weiteren Bar-Hopping (muss sein in Luxemburg) empfehle ich das **Kaale Kaffi** (9 Rue de la Boucherie) und das **Konrad** (7 Rue du Nord), zum Essen neben dem »Konrad« den Italiener **Onesto.** Gehen Sie Richtung Norden, dann sind Sie – unbedingt mit einem Abstecher beim Antiquitätenladen von **Armand Wagner** (1 Rue Beaumont) – bald beim **Panoramalift,** der nach Pfaffenthal fährt.

GRUND

Per Aufzug vom Heilig-Geist-Plateau oder zu Fuß über die Rue Large gelangt man schnell und einfach nach Grund, wo Luxemburg angenehm das Tempo rausnimmt. Alle kleinen Sträßchen im tiefsten Teil der Stadt abzuschlendern, ist kein großer Akt und sehr zu empfehlen. Nett einkehren kann man bei **Bosso** (Bisserweg 7, bosso.lu) oder im Bistro im Innenhof der 1606 gegründeten ehemaligen **Benediktinerabtei Neumünster** (neimenster.lu). Seit 2004 ist die Abtei ein geräumiges Zuhause für allerlei Kultur, sehenswert ist die Dauerausstellung mit Werken des Luxemburger Bildhauers Lucien Wercollier (1908-2002). Ältere Luxemburger erinnern sich noch an die Zeit, als die Abtei ein Männergefängnis war – und das nahegelegene **Nationalmuseum für Naturgeschichte** ein Frauengefängnis (25 Rue Münster, mnhn.lu).

FOTOS: CHRISTINA KÖRTE

Die Altstadtgassen und Cafés gefielen ihr sehr: Tinka Dippel in der Rue du St Esprit und im »Ready?!« in Limpertsberg

Jenseits des Zentrums

KIRCHBERG

Die meisten Luxemburger **EU-Institutionen,** die **Philharmonie,** das Kunstmuseum **Mudam** und zig Banken, deren Namen ich teils noch nie gehört hatte: Wie viel Geld und Einfluss in Luxemburg sitzt, lässt sich auf dem erst ab den 1960er Jahren bebauten Kirchberg erahnen. Und wie groß man in der Stadt nicht nur denken, sondern auch bauen kann. Herumspazieren lässt es sich dort für mein Empfinden nicht, fahren Sie den Kirchberg mit der **Tram** ab, ich finde, das reicht für einen Eindruck. Von Pfaffenthal gelangen Sie mit einer **Standseilbahn** hinauf – oder in einer entspannten halben Stunde auch zu Fuß.

GARE

Über zwei Brücken spazieren Sie von der Altstadt ins jüngst aufgehübschte Bahnhofsviertel: die **Passerelle** (mit Blick ins Petruss-Tal und auf den Skaterpark) und die **Adolphe-Brücke** (deren Fußweg unterhalb der Fahrbahn liegt). Auf der Avenue de la Liberté haben sich viele schöne, wenn auch eher hochpreisige Läden und Cafés angesiedelt. Sehenswert, wenn Corona die Öffnung wieder zulässt: die Galerie für zeitgenössische Kunst **Am Tunnel** (16 Rue Sainte-Zithe).

BONNEVOIE

Östlich des Bahnhofs schließt sich dieses unter Luxemburgern sehr beliebte Viertel an, das ich auch sehr mag, weil die Stadt dort eine ganz andere, weniger saubere und glattgebügelte ist. Ein Highlight liegt direkt hinter dem Bahnhof in zwei runden ehemaligen Lokschuppen: das Kulturzentrum **Rotondes.** Der eine ist innen schon perfekt umgestylt, der andere beherbergt noch etwas Patina und die »Buvette«, ein nettes Lokal für drinnen und draußen. Seit dem Kulturhauptstadt-Jahr 2007 ist auf dem Gelände eine enorm vielfältige kulturelle Einrichtung gewachsen, wo Märkte, Ausstellungen, Konzerte und Festivals stattfinden (rotondes.lu). Es wäre schade für Sie, die »Rotondes« nicht zu besuchen – und dann nicht noch weiter durch Bonnevoie zu laufen. Ein sehr netter Nachbarschaftstreff dort ist die **Bouneweger Stuff,** wo man von Frühstück über Mittag- und Abendessen bis zum späten Wein gut bedient ist und in entspannter Atmosphäre sitzt (1 Rue du Cimetière, bounewegerstuff.lu). Toll für Kaffee, Bowls und Kuchen: das **Glow,** ein sehr schönes Eckcafé, fünf Minuten zu Fuß von der »Stuff« (2 Rue Xavier de Feller, glow-food.lu).

LIMPERTSBERG

Nördlich der Altstadt, hinter dem Glacis-Feld, auf dem im Spätsommer die **Schobermesse,** Luxemburgs großes Volksfest, stattfindet, liegt dieses schöne Wohn- und Studentenviertel, einst Hotspot der Rosenzucht. Mein Liebling dort ist ein weiteres Café: das **Ready?!.** Es gibt guten Kaffee mit allen Milch-Varianten, Bananenbrot, Bowls, frische Säfte und Tees, gemütliche Sofaplätze – und das ab sieben Uhr in der Früh (35 Rue du Bois).

SCHWERE BAGGER gruben diese Terrassen in den Berg des Ellergronn. Heute wachsen in dem Naturschutzgebiet wieder Bäume

IM LAND DER *ROTEN ERDE*

Einst war das Minett, wie der Süden Luxemburgs genannt wird, Abbaugebiet für Eisenerz. Vor 40 Jahren schloss die letzte Grube. Doch die Krise fand ein glückliches Ende – die Region wandelte sich zum UNESCO-Biosphärenreservat

TEXT **ALEXANDER TIEG**

HARTE ARBEIT Dieser
Mann hält die alte Dampflok
im Minett Park am Laufen

REISE IN DIE VERGANGENHEIT Jean-Marie Thill (rechts) fährt die Gäste der Museumseisenbahn Train 1900 von Petingen zum fast 150 Jahre alten Güterbahnhof von Fond-de-Gras im Minett Park (Fotos links und unten). Früher transportierten die Wagen dieser Linie Eisenerz, das in der Umgebung abgebaut wurde

RELIKTE aus der Zeit des Erzabbaus wie diese Lorenmasten säumen den Minett Trail

Diese Geschichte beginnt so, wie manch andere aufhört: mit einem Happy End. Ihre Heldin heißt Minett – eine Region im Süden Luxemburgs, in der vor etwas mehr als 150 Millionen Jahren ein unterirdisches Reservoir aus Eisenerz entstand. Im Oktober 2020 erkannte die UNESCO sie als Biosphärenreservat an, vergleichbar mit dem Schwarzwald, den Rocky Mountains oder der spanischen Sierra Nevada. Knapp 200 Quadratkilometer groß ist dieses Schutzgebiet, fast ein Zehntel der Fläche des Landes.

Ein Jahr danach: Es ist früher Nachmittag, auf einem Parkplatz im Süden Luxemburgs brechen ein paar Wanderer zu ihren Touren in dieses einmalige Stück Kulturlandschaft auf, in der Büsche und Bäume zwischen Relikten des Industrialisierungszeitalters wachsen. Yann Logelin, 43, steht auf dem Parkplatz und resümiert. »Nicht immer, wenn der Mensch in die Natur eingreift, muss das schlecht sein«, sagt er. Logelin ist im Minett aufgewachsen. Ein Mann mit runder Brille und freundlichem

Gesicht, der für Pro Sud arbeitet, eine Initiative, mit der die elf Gemeinden des Südens ihre Region gemeinsam entwickeln.

Ein Happy End wie dieses musste sich die Region erst durch eine Krise verdienen: Mehr als 100 Jahre lang hatte der Bergbau im Minett gewütet. Auf der Suche nach Eisenerz wurde die Natur geknechtet und zerklüftet. Erst mit Pferdewagen und Muskelkraft, später mit Presslufthammer, Sprengstoff und Schaufelradbagger. Die Gegend war eines der wichtigsten Abbaugebiete für Eisenerz in ganz Europa. 1978 wurde das letzte Tagebaugebiet im Land stillgelegt, am 27. November 1981 schloss auch die letzte Grube.

Als die Natur dann wieder sich selbst überlassen wurde, entstand ein einmaliges Habitat für Flora und Fauna. Erst kamen Flechten und Moose zurück, dann Gräser, Büsche und Birken. Und mit ihnen Schmetterlinge und mehr als 20 verschiedene Orchideenarten. Der Bestand der in Europa vom Aussterben bedrohten Heidelerche erholte sich, neue Arten wurden heimisch. »Jetzt geht es darum, diese vom

MINETT PARK UND TRAIN 1900

Die Eisenbahnlinie zwischen Petingen und Fond-de-Gras war eine der ersten Zugstrecken Luxemburgs. Auf der alten Bergbaulinie fährt heute der Train 1900 vom Bahnhof Petingen in das Tal (sonntags vom 1. Mai bis Ende September). Die Dampflok schlängelt sich auf acht Kilometern in einem großen Bogen um Titelberg und Prinzenberg bis in den Minett Park nach Fond-de-Gras. Von dort fährt eine restaurierte Schmalspurbahn, die Minièresbunn, durch eine stillgelegte Grube in den Bergarbeiterort Lasauvage an der französischen Grenze.
2 Fond-de-Gras
minettpark.lu

FRÉDÉRIC HUMBEL
wacht als Leiter des
Minett Parks über diese besondere Kulturlandschaft

GIELE BOTTER UND ELLERGRONN

Das alte Tagebaugebiet Giele Botter ist heute ein etwa 100 Hektar großes Naturschutzgebiet, durch das ein 2,5 Kilometer langer, markierter Wanderweg mit Schautafeln zu Geologie und Geschichte führt. Ein weiteres Naturschutzgebiet und Natura-2000-Reservat ist Ellergronn. Sein gleichnamiger Pfad ist in drei thematische Schleifen von 2,5 bis 5 Kilometer Länge unterteilt, Ausgangspunkt ist die Forstverwaltung. Neben dem Naturschutzzentrum liegen außerdem das Zechengelände der Cockerillgrube und ein gleichnamiges Museum.

Esch-sur-Alzette
Rue Jean-Pierre Bausch
visitminett.lu

Menschen geschaffene Biodiversität zu erhalten«, sagt Logelin.

Direkt hinter ihm liegt Giele Botter. In dem ehemaligen Tagebaugebiet wurde bis 1977 Eisenerz gewonnen, seit 1991 steht es unter Naturschutz. Der Weg dorthin führt vom Parkplatz über eine Wiese und an einem Acker vorbei, hinein in einen Wald, der wie ein letzter Puffer an den Krater heranreicht. An der Abbruchkante bleibt Logelin stehen. In einer Sohle vor ihm liegt der stillgelegte Tagebau. Über mehr als ein Jahrzehnt frästen sich Maschinen hier stufenweise in die Erde, bis der Berg aussah wie ein Maya-Tempel.

Doch das Erz aus dem Minett war nur ein Erzchen, ein Deminutiv vom französischen Wort *la mine.* Das Gestein hatte gerade einmal einen Eisenanteil von 27 bis 33 Prozent. Umso unerbittlicher entriss man es der *Terre Rouge,* der wegen ihres Eisengehalts roten Erde, die dem Landstrich seinen Namen gab. Über Tage wurde auf einer Fläche so groß wie die Insel Hiddensee gefördert. Unterirdische Stollen sollen das Minett bis

heute auf einer Gesamtlänge von 6000 Kilometern durchziehen.

Allein 18 Grubeneingänge gab es in der Talstation Fond-de-Gras, zwei Kilometer südwestlich von Giele Botter. Bis in die 1950er Jahre hinein war sie mit ihrem Verladebahnhof eines der wichtigsten Bergbauzentren des Landes. Heute ist der Fond-de-Gras ein Ort, an dem die Geschichte der Eisen- und Stahlproduktion Luxemburgs erzählt wird.

Direkt am Eingang des Tals, in einem restaurierten Stall, hat Frédéric Humbel sein Büro. Humbel ist ein ausgebildeter Kunsthistoriker, er trägt ein Tweedsakko und Rollkragenpullover, pafft Pfeife und kann die Vergangenheit seines Landes so beschreiben, dass sie die Gegenwart erklärt. »Wenn ich heute ins Ausland reise und sage, dass ich aus Luxemburg komme, dann denken die Leute immer gleich, dass ich in einer Bank arbeite«, erzählt Humbel. »Heute ist diese ganze Industriegeschichte kaum bekannt, obwohl sie sehr wichtig war.«

BONBONS FÜR ALLE

Auf dem Areal des alten Stahlwerks Esch-Schifflingen entsteht ein riesiges neues Viertel. Die Erinnerung an früher soll trotzdem nicht verblassen

Einst pumpte das Stahlwerk in Schifflingen zum Schichtwechsel bis zu 5000 Arbeiter durch die Werkstore hinaus in den Feierabend. Heute liegt das Gelände brach, nur ein Wachmann winkt am Eingang. »Monsieur le journaliste?«, fragt er. Geradeaus und links, erstes Gebäude auf der rechten Seite, sagt er. Alain Guenther wartet bereits.

Guenther, 58 Jahre, arbeitete bis zur Schließung im Jahr 2016 als Maschinist und Präsident der Personalvertretung im Werk. Zusammen mit Victor Merens, 78, ehemaliger Werkselektriker, hat er in seiner Freizeit ein Museum auf dem Gelände eingerichtet. Auf drei Etagen haben die beiden alles zusammengeklaubt, was an die Arbeit in Schifflingen erinnert: Sicherheitsschuhe aus Holz, Leder und Gummi, Schutzbrillen und Helme, Werkzeuge der verschiedenen Gewerke. Sie haben Spinde angeschleppt, an denen noch die Penthouse-Poster kleben, und ein Direktorenbüro eingerichtet. »Wir versuchen, das Gedenken an die Schmelzarbeiter zu erhalten«, sagt Guenther. Sobald alles sortiert ist, wollen sie wiedereröffnen.

In einem der Räume haben die Männer auch 3-D-Modelle internationaler Architekten ausgestellt. Weiße Quader stehen auf pastellfarbenen Flächen, die Parks und Straßen und Plätze darstellen sollen. Auf dem Areal entsteht ein Wohnquartier, das die alten Industriegebäude integriert. Neben der Konversion der ehemaligen Hütte von Belval (S. 116) ist dieses Viertel zwischen Schifflingen und Esch-sur-Alzette das zweite große Stadtentwicklungsprojekt der Region.

Das kleine Museum der zwei Männer ist nicht das einzige Haus auf dem Gelände, das an das Erbe des Stahls erinnern soll. In die ehemalige Zentralwerkstatt ist das »FerroForum« eingezogen, eine Art Kulturzentrum, in dem Künstlerresidenzen entstehen, aber etwa auch Schmiede-Workshops stattfinden werden. Und im Jahr der Kulturhauptstadt wird die luxemburgische Künstlerin Trixi Weis einen Teil des alten Werks mit ihrem Projekt »Karamelleschmerz« umfunktionieren: Statt Stahl werden hier dann Bonbons gegossen.

FerroForum, Esch-sur-Alzette, 18 Rue Léon Lamart
geöffnet nach Vereinbarung, ferroforum.lu

Die alte Werkstatt des neuen **FERROFORUM.** Auch hier werden Künstlerresidenzen entstehen

DIE STAHLINDUSTRIE prägte Luxemburgs Süden. Eine Walzstraße (links), die einst Schienen für den Bergbau produzierte, steht heute wie diese Halle eines Elektrizitätswerks (unten) im Minett Park. Ein inspirierendes Umfeld für die Malerin Anne Melan (oben), die im Kreativzentrum im nahen Differdingen arbeitet

FOTOS: GEORG KNOLL (2), LUKAS SPORL (2)

TANIA BRUGNONI verwandelte Fabrikhallen eines Stahlwerks in das Kreativzentrum »1535°«

Humbel leitet seit 2008 den Minett Park im Fond-de-Gras. Der 55-Jährige führt hinab zu zwei Stolleneingängen. Längst sind sie mit Gittertoren verschlossen worden. Auf den alten Schienen, die aus dem Berg führen, stehen zwei rostige Loren. Ein kalter Luftzug dringt aus den Schächten.

Talabwärts öffnet sich der Fond-de-Gras wie ein Kelch, links und rechts abgeschirmt durch bewaldete Hügel. Über die Jahre wurden alte Maschinen und Geräte aus der ganzen Region herangeschafft. Hier stehen sie nun, sind Wind und Wetter ausgesetzt und erzählen von einer Industriegeschichte, deren Kapitel im gesamten Minett geschrieben wurden: Schwungrad und Kurbelwelle aus der Gaszentrale des Stahlwerks in Düdelingen, gusseiserne Stützen aus einer Industriehalle in Differdingen, Teile eines Hochofens aus Belval. »Wir wollen hier einen Überblick über den kompletten Zyklus der Produktion geben«, sagt Humbel. »Der Fond-de-Gras ist so eine Art Freilichtmuseum.«

Die Vergangenheit wird im Minett in ganz verschiedenen Facetten greifbar: als Naturschutzgebiet, als Open-Air-Ausstellung – oder auch als Kreativfabrik. Die Industriegeschichte ist in vielen Gemeinden im Süden immer auch Stadtgeschichte. Und weil die Industrie einfach verfällt und rostet, wenn nichts passiert, werden die Brachflächen zu neuen Entwicklungsprojekten umgewidmet, so wie dem »1535°« in Differdingen.

Sie selbst sei quasi ein Produkt des Südens, sagt Tania Brugnoni, 46, Direktorin des »1535° Creative Hub«, einem Kreativzentrum gegenüber dem Differdinger Stahlwerk. Ihr Vater kam Anfang der 1960er Jahre aus Italien ins Minett. Menschen aus halb Europa zog es auf der Suche nach Arbeit und Wohlstand nach Luxemburg, wo die Eisen- und Stahlindustrie bis zu ihrem Höhepunkt Mitte des 20. Jahrhunderts etwa ein Drittel des Bruttosozialprodukts ausmachte. Nirgendwo auf der Welt wurden pro Kopf mehr Eisen und Stahl produziert. Von ihrem Büro aus blickt Brugnoni nun direkt auf die Schmelz, wie

NATIONALES BERGBAUMUSEUM

Das Nationale Bergbaumuseum in Rümelingen – das Musée National des Mines de Fer Luxembourgeoises, kurz MNM – eröffnete bereits 1973. Hier geht man unter Tage wie ein Bergarbeiter: Mit einer Grubenbahn fährt man hinein in einen restaurierten Stollen, der bis zu 90 Meter unter der Erde liegt. Alte Werkzeuge und Maschinen im Innern erinnern an die harte Arbeit der Kumpel. Die geführten Touren dauern etwa 90 Minuten, zwischen Oktober und März sind die Öffnungszeiten eingeschränkt. Rümelingen, 1 Rue des Mines
mnm.lu

FRÜHER SCHREINEREI,
heute Lokal: die Brasserie
im Kreativzentrum »1535°«

1535°
CREATIVE HUB

Das Kreativzentrum schlägt
eine Brücke zur Vergangenheit der Stadt. Der Name
bezieht sich auf den
Schmelzpunkt von Eisen.
Das Interieur: Beton,
Ziegelwände, Stahlträger.
In den drei Hallen – einst
Schlosserei, Schreinerei und
Ziegelhalle des Stahlwerks
von ArcelorMittal auf der
anderen Straßenseite –
haben heute Kreativfirmen
ihre Büros. Im Erdgeschoss
von Haus A liegt die
Brasserie »Schräinerei«.
Es gibt Burger, Bowls und
luxemburgische Gerichte in
Industrieambiente und mit
Blick auf das Stahlwerk.
Differdingen
115A Rue Émile Mark
schrainerei1535.lu

sie die Stahlwerke hier nennen. In der Hoch-
phase waren dort Tausende Arbeiter beschäftigt. Heute sind es noch etwa 800.

»Wir wollten versuchen, durch Kreativität
eine gewisse Renaissance nach Differdingen
zu bringen«, sagt die Direktorin. Im Jahr 2003
schrieben sie und ihr Team einen ersten Entwicklungsplan, der Differdingen wiederbele-
ben sollte. Sie wollten die Kreativwirtschaft
in die Stadt holen, bevor man in Luxemburg
für diesen Wirtschaftszweig überhaupt einen
Namen hatte. Man pachtete die drei Fabrikgebäude, in denen heute das Kreativzentrum
untergebracht ist, samt Gelände vom Stahlkon-
zern ArcelorMittal und investierte Millionen.

2013 zog Brugnoni schließlich mit einem
einzigen Ordner unter dem Arm und ihrem
Handy in ihr Büro im »1535°«, so erinnert sie
sich. »Ich hatte das Gefühl, dass es richtig ist,
was wir machen«, sagt sie. »Aber ich hatte
keine Ahnung, was ich mir vorstellen sollte.«

In wenigen Wochen soll nun das letzte der
drei Gebäude eingeweiht werden, die ehemalige Ziegelhalle des Stahlwerks. Boutiquen

werden eingerichtet, Ausstellungsräume eröffnen. In den beiden anderen Hallen – die
alte Schlosserei sowie die Schreinerei – haben
Grafikdesigner, Architekten, Maler und Mu-
siker inzwischen ihre Büros. Medienredaktio-
nen und Filmproduktionen sind eingezogen,
eine Booking-Agentur und ein Tonstudio.
70 Firmen, 500 Arbeitsplätze.

Das alte Werksgelände wurde nicht einfach
museal konserviert. Dort, wo früher geschuftet
wurde, erklärt Brugnoni, sollte wieder gearbei-
tet werden. Es ist kein Austragungsort für Kultur, sondern ein Raum, in dem sie entstehen
kann. Ein Ort zum Machen, nicht zum Konsu-
mieren. Das habe, sagt die Chefin, auch mit
Respekt vor der Vergangenheit zu tun. ∎

Alexander Tieg *verbrachte
drei Tage im Minett. Und lernte
unter anderem zwei Dinge: Die
Region ist perfekt für Mountain-
biker. Und: Die Stahlträger aus
Differdingen sind etwa im Burj Khalifa oder
im One World Trade Center verbaut.*

503 MOMENTE FÜR

Sie war bahnbrechend, sie ging um die Welt, und sie löste
Kontroversen aus: die Foto-Ausstellung **The Family of Man.**
Mehr als zehn Millionen Menschen haben die 503 Bilder
seit 1955 gesehen. Heute haben sie ihren festen Platz auf
Schloss Clervaux im Norden Luxemburgs

TEXT **TINKA DIPPEL**

IMMER

FOTOS: CNA/ROMAIN GIRTGEN, 2013, THE ESTATE OF EDWARD STEICHEN 2015/ARTISTS RIGHTS SOCIETY (ARS), NEW YORK, VG BILD-KUNST, BONN 2021

Edward Steichen, hier auf einem Foto von ca. 1917, machte sich als Teenager mit der Kamera vertraut und wurde später als Fotograf, Galerist und Kurator erfolgreich. »The Family of Man« war seine Idee und ist sein bekanntestes Werk

Manchmal sind es gerade die simplen Ideen, die ein besonders lautes Echo erzeugen. Und die Idee für eine der erfolgreichsten Foto-Ausstellungen, die je international gezeigt wurden, war im Prinzip simpel: ein Porträt der Menschheit. Der Mann, der diese Idee hatte, hieß Edward Steichen, war gebürtiger Luxemburger, zu Beginn der 1950er Jahre schon über 70 und Direktor der Abteilung für Fotografie des Museum of Modern Art in New York. Am 24. Januar 1955 eröffnet er dort, im MoMA, »The Family of Man« mit 503 Fotos von 273 Fotografen. Die teils großformatigen, teils nur kopfgroßen Bilder zeigen Menschen in verschiedensten Situationen, ein Baby unmittelbar nach der Geburt, noch an der Nabelschnur, ein Paar beim Planschen im Meer, einen Tambourmajor, der einer Schar von Kindern voranmarschiert, Bauern bei der Feldarbeit, eine fröhliche Meute beim Tanzen, Kinder beim Spielen. Steichen empfand die Fotografie als universelle Sprache, die Grenzen zwischen Ländern, Religionen und Generationen überwinden kann. Mit aller Macht dieser 503 Bilder wollte er, geprägt von der Erfahrung beider Weltkriege, für jedermann verständlich eine simple Botschaft senden: dass die Menschen in aller Welt mehr eint als entzweit.

Es sind rührende, aufrüttelnde und komische Momente, eingefangen lange vor der heute allgegenwärtigen fotografischen Inszenierung. 1955 ist das Jahr, in dem Steve Jobs und Bill Gates geboren werden, ihre digitalen Innovationen und Revolutionen sind noch nicht mal erahnbar und Fotos aus allen Ecken der Welt noch nicht ansatzweise so einfach verfügbar wie heute. In dieser Zeit Szenen, eingefangen von Fotografen-

Körpersprache: Badende im Meer vor Coney Island, Kinder in Michigan versuchen sich als Gefolge eines Tambourmajors im Marschieren

Blick in die Gesichter der Welt:
Ein Junge aus Peru spielt auf seiner
Flöte, vier Generationen einer
Bauernfamilie posieren im amerikani-
schen Ozark vor Porträts ihrer Ahnen

augen in 68 Ländern, zusammenzutragen und zu kuratieren, bedeutet einen Berg Arbeit, der Edward Steichen und sein Team über vier Jahre beschäftigt. Steichen, vor seiner Zeit im MoMA selbst Fotograf, ist international bestens vernetzt. Er hat für *Vanity Fair* und *Vogue* Modestrecken fotografiert, ikonische Porträts von Berühmtheiten wie Greta Garbo und Winston Churchill geschaffen, in New York zwei Galerien betrieben und ist im Ersten Weltkrieg Fotograf für die Luftaufklärung gewesen. Sein Assistent Wayne Miller und Dorothea Lange, eine der Pionierinnen der Dokumentar-Fotografie, helfen ihm bei der Auswahl – sie recherchieren etwa im Archiv des Magazins *Life,* bei der Agentur »Magnum« oder in den Beständen von Fotografen, die sie direkt aufsuchen.

Um die zwei Millionen Fotos sollen sie zunächst auf 10 000 reduziert haben, diese gruppieren sie zu Themen wie Liebe, Glaube, Familie, Arbeit, Hunger, Krieg. Neben Lange und Steichen sind unter den 273 dann am Ende ausgestellten Fotografen große Namen wie die der Magnum-Legenden Robert Capa und Henri Cartier-Bresson, Robert Capas jüngerer Bruder Cornell, Robert Doisneau, Richard Avedon, Sabine Weiss und August Sander. Einige der Fotos sind aber auch Aufnahmen von Unbekannten, teils von Amateuren. Steichen zeigt auch das Bild einer Atombomben-Explosion – als Warnsignal im zehnten Jahr nach Kriegsende.

Das Debüt im MoMA ist ein enormer Erfolg, danach geht »The Family of Man« auf Welttournee, bis Mitte der 1960er Jahre ist Steichens Bilder-Botschaft in 48 Ländern auf fünf Kontinenten zu sehen, auch in deutschen Städten. Statement des damals jungen Gerhard Richter: »Die Ausstellung war ein echter Schock für mich. Die Fotos zeigten so viel, und sie erzählten so viel über das moderne Leben, über mein Leben.«

Es ist nicht verwunderlich, dass eine Ausstellung, die so großen Erfolg hat, mit so viel Pathos und einem so hohen Anspruch aufgeladen ist, auch Kritik auf den Plan ruft. Die lauteste unter diesen Stimmen ist die des französischen Philosophen Roland Barthes, dessen Argumentation die amerikanische Schriftstellerin Susan Sontag später folgt: Die Ausstellung leugne den Einfluss historisch bedingter Ungerechtigkeiten, ihr Ansatz sei sentimental und mystifizierend. Auch dass unter den Bildern nur Ort und Fotograf genannt sind, dass es begleitend nur poetische Zitate, aber keine einordnenden Texte gibt, sorgt für Kritik.

Letztlich ist »The Family of Man« genau dadurch aber auch zeitlos geblieben. Mitte der 1960er Jahre folgte die US-amerikanische Regierung dem Wunsch Steichens und schenkte Luxemburg die letzte vollständige Version der Wanderausstellung. Steichen, im Großherzogtum geboren, hatte das Land zwar als Kleinkind verlassen, aber er selbst wählte das Schloss von Clervaux im Norden als Ausstellungsort aus. Zunächst wurde nur eine Auswahl der Bilder gezeigt, in den 1990er Jahren mussten die weit gereisten Fotos aufwendig restauriert werden, von 2010 bis 2013 ein weiteres Mal.

Edward Steichen erlebte die Eröffnung der Ausstellung 1974 nicht mehr. Er starb ein Jahr zuvor, sein größtes Werk aber blieb lebendig. Mehr als zehn Millionen Besucher haben »The Family of Man« bis heute gesehen, 2003 wurde sie ins Weltdokumentenerbe der UNESCO aufgenommen. ◾

»The Family of Man« sowie »The Bitter Years« (Steichens letzte Ausstellung für das MoMA) gehören zum »Centre national de l'audiovisuel« (CNA) auf Schloss Clervaux. Die Dauerausstellung »The Family of Man« ist vom 1. März bis zum 1. Januar geöffnet. Sonntags um 16 Uhr finden kostenlose Führungen statt; steichencollections-cna.lu

The Family of Esch

Eine der berühmtesten Fotoausstellungen ist die »Family of Man«:
Bilder von Menschen aus aller Welt, Bilder, die Emotionen zeigen. Im luxemburgischen Esch
hat **Fotografin Isabela Pacini** die weite Welt wie in einem Brennglas entdeckt.
Der multikulturelle Süden des Landes lebt Diversität wie kaum eine andere Region.
Menschen von überall her finden hier ihre Heimat

Isabela Pacini, *Fotografin aus Hamburg, tritt mit diesem Projekt in große Fußstapfen. Ihr Auftrag: eine moderne Interpretation von Edward Steichens legendärer Foto-ausstellung »Family of Man« (S. 78), fokussiert auf den Süden des Groß-herzogtums. Zehn Tage lang war Pacini dafür in Esch-sur-Alzette unterwegs, reiste durch die Region und verliebte sich in ihre Bewohner.*

1 Ein Tag wie jeder andere in Esch: Natalie holt ihre neunjährige Tochter von der Schule ab und drückt sie an sich **2** Zwei Generationen, zwei Länder, eine Familie: Auch dieser Mann aus dem Tschad und seine bereits in Luxemburg geborene Tochter teilen ein Lächeln **3** »Uma boa hora!«, wörtlich »eine gute Stunde!«, wünschte Pacini, wie auf Portugiesisch üblich, dieser schwangeren Frau von den Kapverden. Pacini selbst ist Brasilianerin und konnte so mit vielen Bewohnern in ihrer Muttersprache kommunizieren **4** Mehr als 30 Prozent der Einwohner Eschs kommen aus Portugal – auch diese Mutter **5** Herzens-angelegenheit im Herzen der Stadt: Ein Pärchen sitzt auf dem Platz vor dem Rathaus und vergisst die Welt um sich herum **6** Stadionbesuch mit Mama: Diese Familie ist bei jedem Heimspiel des Fußballvereins Jeunesse Esch dabei

1 2

3 4

Dass Liebe Grenzen überwindet, ist in Esch offensichtlich. Nationalitäten, Sprachen, Milieus: Familien sind bunt, alles findet zusammen

Links Bühne frei für die Liebe! Wegen Bauarbeiten für die Kulturhauptstadt finden Hochzeiten derzeit im Escher Theater statt, vor deren Türen die frisch Vermählten glücklich Fotos schießen. Esch ist jeden Sommer Heimat der »Luxembourg Pride«, und die LGBTIQ+-Gemeinschaft ist in der Stadt fest verankert **Rechts** Freitagnachmittag ist Rushhour auf der Place du Brill – dann posieren viele Pärchen mit ihren Brautjungfern **Unten** Zu Hause bei Nonna: Diese Familie aus Kayl trifft sich zum Dinner bei der italienischen Großmutter. Ab Ende des 19. Jahrhunderts immigrierten viele Italiener, um in der Stahlindustrie zu arbeiten, bis heute sind die Nachfahren stolz auf ihre Wurzeln

1

2

3

Eisen und Stahl haben Spuren hinterlassen. Auch in der Seele der Menschen, die noch immer wissen, wie man richtig schuftet

1 Auf dem Wochenmarkt vor dem Escher Rathaus verkauft Jerome vom Gemüsegarten die Produkte, die von einer sozialen Initiative auf dem Gaalgebierg angebaut werden **2** Trotz langer Industriegeschichte gibt es auch noch einige Gemeinden, die von der Landwirtschaft geprägt sind. In Oberkorn bei Differdingen züchtet Bauer Guy Tempels Kühe, die er liebevoll »meine französischen Mädchen« nennt **3** Mit einem Grinsen im Gesicht sind die Busfahrer auf Tour durch das Minett: Laurent Muller ist ihr Aufseher **4** Früher war Marc Weisen Sozialarbeiter, das Haareschneiden war nur ein Hobby. Heute hat er seinen eigenen Salon. Sein Markenzeichen: Im »Old Bell« benutzt er nur Scheren, keine Rasierer. Sein Credo: Wer skurril ist, aber keinen Erfolg hat, wird zur Witzfigur. Aber wer skurril und erfolgreich ist, der ist ein Künstler. **5** Esch verändern: An vielen Ecken von Esch-sur-Alzette schaffen Bauarbeiter die neue Stadt **6** Kurze Pause: Jacqueline kommt aus der Dominikanischen Republik und kellnert im Café »Chez Nadia« in der Nähe des Bahnhofs

Links Nach einem Heimsieg wird in der Kabine von CS Fola Esch schon mal auf den Tischen getanzt. Dafür gab es zuletzt oft genug Gelegenheit: Der älteste Verein des Landes wurde 2021 luxemburgischer Meister! **Unten** Sieg und Niederlage liegen ganz eng beieinander: Lokalrivale Jeunesse Esch, traditionell der Arbeiterverein der Stadt, hat sein Spiel verloren, dementsprechend ist die Stimmung im Vereinsheim. Unterstützt wurde Jeunesse lange vor allem von der italienischen Bevölkerung – das Wappen soll der Legende nach an das von Juventus Turin angelehnt sein **Rechts** Nicht nur Fußball wird in der Region groß geschrieben: Für das Cheerleading-Training des Vereins L'Espérance kommen Mädchen sogar aus Frankreich nach Esch. Aber bevor die Kunststücke in der Luft gewagt werden, heißt es, ganz genau den Bewegungsablauf zu studieren

3

1 So vielseitig wie seine Einwohner ist auch die Gastronomie von Esch. In vielen Lokalen merkt man die Nähe zu Frankreich, etwa in der »Brasserie Schmedd«, wo das Küchenteam in der Mittagspause wie eine Familie zusammen isst **2** Im beliebten Restaurant »Bei der Giedel« im Fond-de-Gras nimmt Stammkundin Danielle gerne mit ihrem Hund an einem der Tische Platz **3** Nicht nur für den besten Dönerladen der Stadt, sondern des ganzen Landes, halten viele Escher den »Euro Kebab«. Der türkische Besitzer Umut Seker würde da sicher nicht widersprechen **4** Bei so vielen internationalen Einflüssen sind schöne Fusionen nur logisch: Mohammed kommt aus Marokko und macht in der »Hosteria Gusto« feinste italienische Pizza

1 Feierabendstimmung im »House of Esch«: Diese ungewöhnliche WG ist als Bürgerinitiative eingetragen, hat eine eigene Facebook-Seite und organisiert künstlerische Veranstaltungen **2** Irina Moons ist Grafikerin und Illustratorin. Das Mural an der Rue du Canal stammt zwar nicht von ihr, dafür aber die Gemälde auf dem Boden der Fußgänger-zone, über die täglich die halbe Stadt läuft **3** Der Maler Théid Johanns ist eine Ikone der Kunstszene von Esch. Eigent-lich sei er längst im Ruhestand, sagt er, aber seine Hände hat er noch in vielen Projekten – oft in alten Industriebauten und mit wenig Budget. Denn: Da redet einem keiner rein! **4** Corby ist einer der besten Rapper der Region – und arbeitet gleichzeitig als Busfahrer. So könne er nur die Engagements annehmen, die ihm Spaß machen, sagt er. Echte Künstler bleiben hier eben bodenständig **5** Leandro, alias »Big L on the road«, rappt trotz Handicap und nutzt die neuen Studios im Escher Jugendhaus zur Aufnahme – wenn er nicht gerade von Betreuer Christophe geknuddelt wird

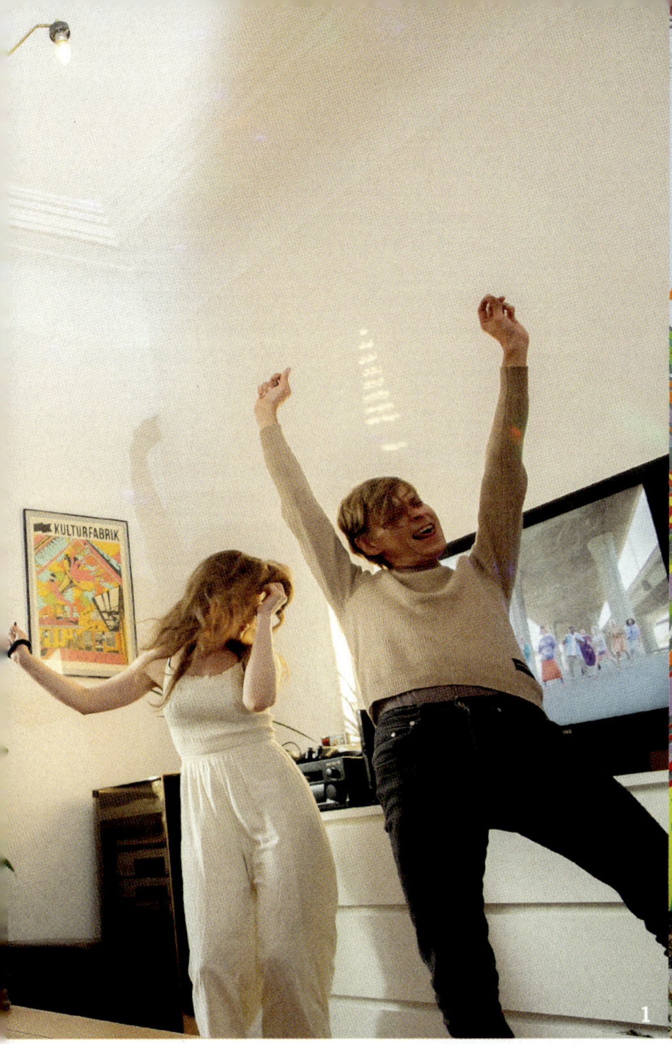

1

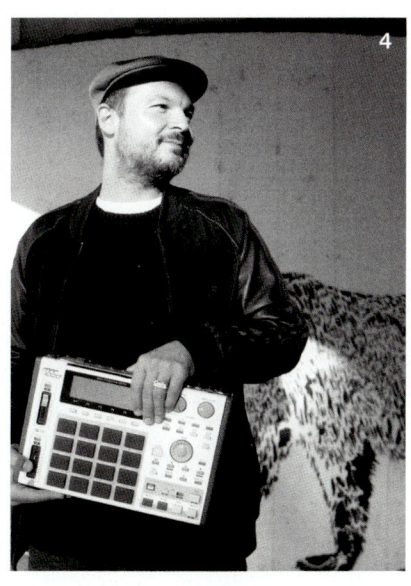

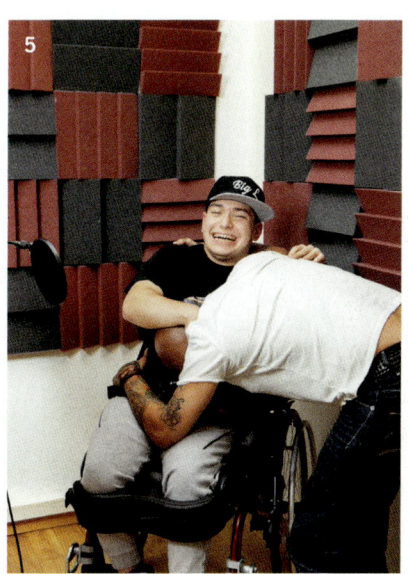

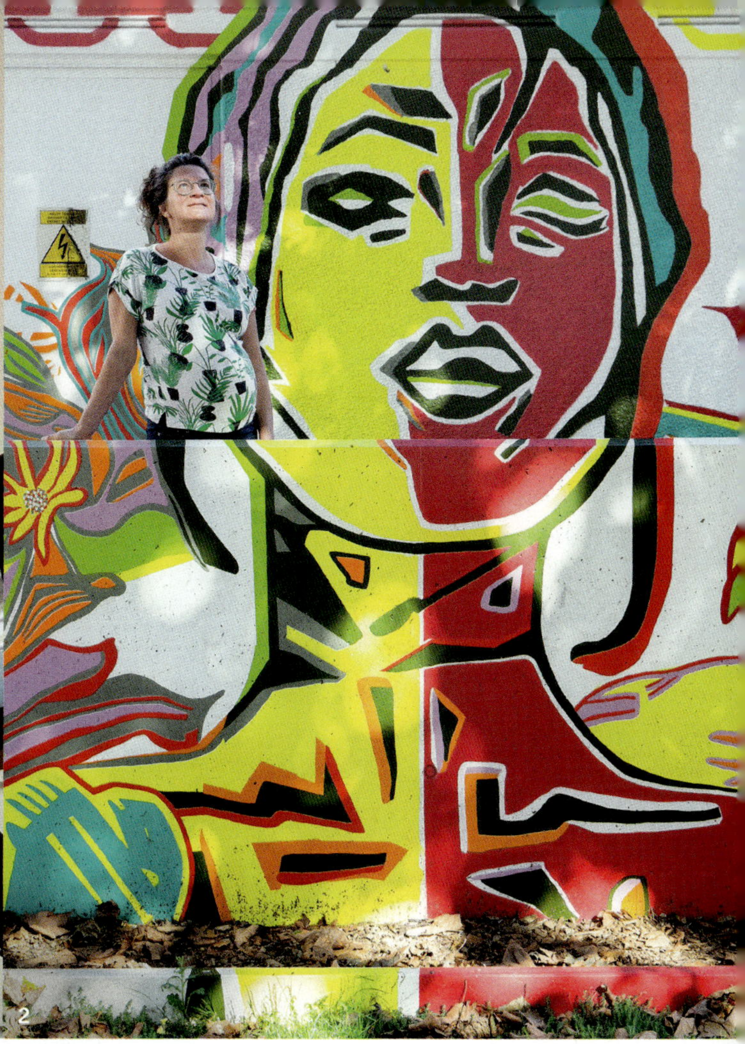

2

4

5

Teamgeist statt Konkurrenzkampf: Man kennt sich nicht nur in der Kulturlandschaft von Esch – man ist des Anderen größter Fan

Links Die alte Garde von Esch sprüht noch immer vor Leben! Marcy Benoit etwa arbeitete früher als Vertreterin von Elektrogeräten und gründete als Rentnerin das Amateur-Theaterensemble »Die Knackigen« **Unten** Das Herz von Claude Magnin schlägt für Käse: Gut 90 Sorten tischt er in seinem Traditionslokal »Postkutsch« auf, zu jeder einzelnen kann er eine Geschichte erzählen **Rechts** Kein Escher symbolisiert die Wandlungsfähigkeit der Region wie Fredy Koch: Vor den Nazis flüchtete er aus seiner Heimat Böhmen nach Luxemburg, schuftete in den Minen, arbeitete später als Judo-Lehrer und wurde im hohen Alter noch Bodybuilding-Champion. Es sei wichtig zu leben, ohne zu lügen und anzugeben, sagt der heute 93-Jährige. Das hat er gar nicht nötig. Und der Luxemburger Süden auch nicht

GRÜNER WIRD'S NICHT!

Schroffe Felsen, klare Bäche und dunkle Wälder:
Das Müllerthal ist ein schönes Ziel zum
Wandern in der Natur – und die Märkte, Restaurants und
Hotels der Umgebung bieten viel Gelegenheit
zum Genuss danach

TEXT **JOHANNES TESCHNER**
FOTOS **GEORG KNOLL**

M

Manchmal, in der Dämmerung, steht Désirée Dall'Agnol in einem jahrhundertealten Gemäuer und beobachtet die Fledermäuse bei der Jagd. »Faszinierend«, findet sie das Geflatter der flugfähigen Säuger – und sieht Potenzial darin.

In den Ruinen der Burg Beaufort, deren Verwalterin Dall'Agnol seit einigen Monaten ist, entfalte das Treiben der Tiere einen ganz besonderen Reiz, eine Stimmung, die die promovierte Geografin gern mit anderen teilen würde. Fledermausführungen schweben ihr vor, vielleicht unterlegt mit stimmungsvoller Musik. »Ich glaube, das käme gut an«, sagt die 53-Jährige und blickt in der Ruine umher, als sehe sie das Spektakel schon bildlich vor sich. Um ihren potenziellen Besuchermagneten das Bleiben zu erleichtern, möchte sie Fledermauskästen aufhängen lassen, die Anfrage bei der zuständigen Behörde läuft.

Auch einen Veranstaltungssaal würde sie gern in der Anlage einrichten, für Tagungen etwa, Ausstellungen, Kammermusik, Hochzeiten. Dall'Agnol kann sich da vieles vorstellen. Denkmalpflege sei fraglos wichtig, sagt sie, sie wolle »keinen Jahrmarkt, aber wir müssen die Burg auch öffnen«. So hat es in der Vergangenheit schon Open-Air-Konzerte an der Ruine gegeben, erzählt sie. Und im Falle der Fledermäuse, fügt sie noch hinzu, betone die Anwesenheit der Tiere ja nur die biologische Vielfalt der Umgebung. »Denn die Burg ist ja keine Insel – sondern Teil eines großen Ganzen, das so viel zu bieten hat.«

Mit dem »großen Ganzen« meint Dall'Agnol das Müllerthal: jene Region im Osten Luxemburgs, die wegen ihrer eindrucksvollen Sandsteinformationen, tiefen Schluchten und märchenhaften Auwäldern auch »Kleine Luxemburger Schweiz« genannt wird. Sie vereint auf einer Fläche, die gerade mal so groß ist wie das Stadtgebiet von Bielefeld, eine enorme biologische Vielfalt – und hält ein Naturerlebnis bereit, das viele Menschen nicht mit Luxemburg verbinden würden.

Dall'Agnol ist eine Frau, die schnell redet und gern laut lacht, und sie hat sich vorgenommen, diese Gegend bekannter zu machen. Damit ist sie nicht allein: Wer das Müllerthal bereist, erlebt eine Region, die sich gemeinsam aufgemacht hat, ihre touristische Tradition zu bewahren und ins Morgen zu übertragen – eine Tradition, die das Leben der Müllerthaler seit bald 150 Jahren prägt.

WIE IM RAUSCH
In drei Wasserfällen stürzt dieser Bach in den sogenannten Schiessentümpel und rauscht von dort weiter, der Ortschaft Müllerthal entgegen

D enn seit die Niederländer das Müllerthal im ausgehenden 19. Jahrhundert für sich entdeckten und es mit der Schweiz verglichen, hat sich die zuvor rein bäuerliche Gegend dem Tourismus zugewandt. Der Vergleich mit der Schweiz erscheint vielleicht etwas kühn in einer Gegend, deren höchster Hügel gerade mal 400 Meter hoch ist, aber hey – muss man gleich jeden Gipfel auf die Goldwaage legen?

Zu den Niederländern gesellten sich bald Belgier und Deutsche, Hotels eröffneten, und immer mehr Gemeinden legten Wanderwege an, auf denen die Gäste die Natur erkunden konnten. Allerdings taten sie es planlos, jede mit eigener Beschilderung und Pfaden, die an den Gemeindegrenzen endeten und kein zusammenhängendes Netz ergaben. So blieb es lange und wirkte irgendwann aus der Zeit gefallen.

Vor 15 Jahren dann nutzte das Müllerthal ein EU-Förderprogramm für ländliche Regionen, um zu investieren und das Wirrwarr zu vereinheitlichen: Heraus kam der Müllerthal Trail, drei Rundwege von insgesamt rund 110 Kilometer Länge, die auch viele lokale Pfade mitaufnehmen und möglichst jede Gemeinde der Gegend einbeziehen. Mit Erfolg: Der Trail wurde zu einer der besten Wanderrouten Europas gekürt.

Und dennoch hat er nicht ganz ausgleichen können, dass sich die Gästeschaft im Müllerthal im vergangenen Jahrzehnt verändert hat. Wohlhabende Besucher, vor allem aus Belgien, die luxuriöse Hotels bezogen, teuer speisten und einkauften, blieben zunehmend weg. Unter den Müllerthalern ist es ein offenes Geheimnis, dass das mit der Abschaffung des luxemburgischen Bankgeheimnisses 2013 zu tun hat: Das Geld, das

SEIT MEHR ALS 100 JAHREN BESTAUNEN REISENDE DIESE WILDE LANDSCHAFT

die preisunempfindlichen Gäste für Schmuck, Wein und Suiten ausgaben, hatten sie auf luxemburgischen Konten deponiert – und nicht selten am heimischen Fiskus vorbeigeschleust.

Statt der verschwenderischen Genießer im Best-Ager-Alter kommen jetzt mehr Familien, junge Pärchen, Camper – also Menschen, die sich mehr für ungestörte Natur interessieren als für unkontrollierte Kapitalanlage, die aber auch ein Faible für Kultur und Kulinarik haben und dabei Nachhaltigkeit und regionale Lebensmittel zu schätzen wissen. Und um diese Gäste zu behalten und noch mehr von ihnen anzulocken, arbeitet das Müllerthal gerade am nächsten großen Ding: der Anerkennung als UNESCO-Geopark.

»Wunderschön hier, oder?« Birgit Kausch steht an einem Bachlauf und blickt sich um. Sonnenstrahlen fallen durch das grüne Blätterdach der umstehenden Buchen, das Rauschen des Windes mischt sich ins Plätschern des Wassers, und am Rande des Bachtals ragen mächtige Sandsteinfelsen empor. »Hier kann man viel von den Dingen sehen, die das Müllerthal ausmachen«, sagt Kausch.

Die 49-jährige Geologin ist der Kopf hinter der UNESCO-Bewerbung. Am Bodensee geboren, leitet sie seit einigen Jahren den »Natur- und Geopark Mëllerdall«, wie das Müllerthal auf Luxemburgisch heißt. In Luxemburg gilt die Region zwar längst als besonderes Naturreservat – aber durch die Aufnahme in den erlesenen Club der UNESCO Global Geoparks, in den nur Regionen mit »internationaler geowissenschaftlicher Bedeutung« gelassen werden, will Kausch das Image des Gebiets veredeln.

Bei einer Felswand bleibt sie stehen, deutet auf die verschiedenen Gesteinsschichten, die sich klar voneinander abgrenzen, und sagt: »Vor uns haben wir den aufgeschnittenen Meeresboden.« Es ist lange her, 200 Millionen Jahre etwa, da wogte dort, wo jetzt das Müllerthal ist, der Ozean. Und weil sich im Bereich des heutigen östlichen Luxemburgs eine Meeresenge bildete, lagerten sich hier besonders viele Sedimente ab: Sandschichten am Meeresgrund, die sich nach und nach zu Stein verhärteten – heute, wo das Land sich gehoben hat und das Wasser verschwunden ist, ragen sie als Felsformationen bis zu 50 Meter in den Himmel empor.

Dass die Felsen längst keine durchgängige Fläche mehr bilden wie einst der Meeresboden, liegt daran, dass Wind und Regen sie über Jahrmillionen sanft und beharrlich abgeschmirgelt haben, dass Flüsse und Bäche sich Stück für Stück in den Sandstein fraßen und schließlich tiefe Täler schufen. Kein Wunder, dass die Felswände irgendwann die Contenance und vor allem den Halt verloren, sie kippten gegeneinander oder klafften auseinander – und formten so jene Felsspalten, die charakteristisch sind für das Müllerthal: gewaltige Senken wie die Wolfsschlucht, in der man sich beim Blick nach oben winzig vorkommt, enge Passagen wie beim Siewenschlüff, einem von sieben Spalten durchzogenen Felsen, durch dessen schmalsten Gang man sich regelrecht durchquetschen muss, oder verwinkelte Labyrinthe wie den Rittergang, der so düster ist, dass man ihn lieber nur mit einer Taschenlampe betreten sollte.

Irgendwann werden auch diese Formationen wanken, kippen, die Hänge herunterkrachen. Wann genau, weiß niemand. »Das dauert aber sicher noch eine Weile«, sagt Kausch, und sie klingt, als könne das in geologischen Dimensionen locker ein paar Millionen Jahre bedeuten. Auf Menschen, die beim Betreten der riesigen Gesteinsmassen eine gewisse Mulmigkeit empfinden, dürfte das beruhigend wirken: Die statistische Wahrscheinlichkeit, dass sich die Felsen just in dem Moment in Bewegung setzen, in dem man im Rucksack nach einer Banane kramt, ist wirklich, wirklich gering. Wirklich.

Bei Bäumen ist das etwas anders, der Herrgott lässt sie bekanntlich nicht in den Himmel wachsen, und für immer stehen lässt er sie auch nicht: Ein paar Schritte weiter ist eine Buche quer über einen Bach gefallen, und da bleibt sie jetzt liegen – nur an der Stelle, wo sie den Wanderweg blockiert, hat der Förster ein Stück herausgesägt. »Große Teile der Müllerthaler Wälder sind naturbelassen«, sagt Kausch. »Da wird nur entlang der Wege für Sicherheit gesorgt, der Wald ansonsten sich selbst überlassen.« Und so sieht man immer wieder umgeknickte, mit Zunderschwämmen übersäte Bäume, die zahllosen Insekten Lebensraum bieten und deren sich zersetzendes Holz den Waldboden mit wichtigen Nährstoffen versorgt.

An den Felsen wiederum wachsen Moose und Farne – die Spalten haben ein besonderes Mikroklima, das im Sommer kühl

EIN ERHABENES GEFÜHL
Die Wände aus Sandstein erheben sich in der engen Wolfsschlucht bis zu 50 Meter in die Höhe (links)

DA HAST DU MAL WIEDER EINEN RAUSGEHAUEN
Aus dem »Huel Lee« (»hohler Felsen«) haben schon die Römer ihre Steine zum Bauen geschlagen (rechts)

WACHSTUM UND ZERFALL: DER WALD IST SICH SELBST ÜBERLASSEN

AUF DEM HOLZWEG Ein 600 Meter langer Pfad führt an der Schwarzen Ernz entlang (links)

VÖLLIG KLAR Aus der Kalktuffquelle stürzt das Wasser über hohe Felsen, die mit vielen farbigen Moosen bewachsen sind (rechts)

und feucht und im Winter mild ist. Damit bieten sie auch seltenen Arten wie etwa dem Englischen Hautfarn, der in Europa vielerorts auf dem Rückzug ist, den passenden Unterschlupf.

All das ist wichtig für die UNESCO-Bewerbung, deren Ergebnis im Laufe des Jahres 2022 feststehen soll. Denn die Prüfer achten nicht nur auf die Geologie einer Gegend, sondern auf ihre biologische Vielfalt insgesamt. Und auch darauf, wie sehr eine Region gemeinsam daran arbeitet, ihre Stärken zu betonen und nachhaltig zu entwickeln. Eine Disziplin, in der die Müllerthaler Erfahrung haben.

»Als wir den Trail entwarfen, haben wir uns alle noch mal neu kennengelernt«, sagt Robi Baden. Der 61-Jährige führt die »Heringer Millen«, ein beliebtes Ausflugslokal in einer umgebauten Mühle aus dem 17. Jahrhundert, gelegen im Ort Müllerthal, nach dem die Region benannt ist. Auf Tourismus-Messen merkt er, dass das Müllerthal international noch immer ein recht unbekanntes Fleckchen sei. »Ich höre dann: Ihr Luxemburger habt Banken und Geld. Dass wir auch landschaftlich was zu bieten haben, überrascht die Leute.«

Er hofft, dass das UNESCO-Label zusätzlichen Schub gibt, dabei läuft jetzt schon vieles ganz gut: die regionalen Produkte der »Mëlledaller Produzenten« etwa, die er neben dem Lokal anbietet. Robi Baden, der in der Mühle regelmäßig Brot backt, gehört selber der Gemeinschaft örtlicher Winzer, Metzger, Käser und Schnapsbrenner an. Der Zusammenschluss, sagt er, sei ein »Meilenstein der Vermarktung« für die kulinarischen Erzeugnisse des Müllerthals gewesen.

MIT IHRER EINZIGARTIGEN NATUR SOLL DIE REGION SCHON BALD ZUM UNESCO-GEOPARK WERDEN

Und tatsächlich haben viele der Mitglieder von der Allianz profitiert. Wenn auch nicht alle so sehr wie die Käserei Schmalen aus Berdorf.

Wenn Monique Schmalen-Brouwers durch die Produktionsräume ihrer Käserei führt, dann erzählt sie, wie stark ihr Unternehmen in den vergangenen Jahren gewachsen ist. Früher stand auf einem Teil des Geländes der elterliche Bauernhof; in den 1990ern begann Schmalen-Brouwers' Vater, nebenbei ein bisschen Käse zu machen. Das lief gut an, aber der Durchbruch kam mit den »Mélledaller Produzenten«. Der gemeinsame Auftritt in Zelten auf den Märkten der Region brachte Aufmerksamkeit, weckte das Interesse auch der großen Supermarktketten. Heute gibt es den »Berdorfer Käse« in ganz Luxemburg zu kaufen.

»Die Menschen sind viel stärker an regionalen Produkten interessiert als noch vor ein paar Jahren«, sagt Schmalen-Brouwers. »Sie wollen wissen, wo die Sachen herkommen, die sie essen.« Zuletzt seien auch deutlich mehr Luxemburger in ihren Laden in Berdorf gekommen, und die 29-Jährige ist sich sicher: »Die Leute kommen wieder.«

Vielleicht wird es so sein, vielleicht werden auch Birgit Kauschs UNESCO-Bewerbung und Robi Badens Umtriebigkeit dazu beitragen, dass noch mehr Gäste den Weg in die Region im Osten Luxemburgs finden. Und vielleicht blicken bei Désirée Dall'Agnol in der Burg Beaufort dann regelmäßig Gäste aus ganz Europa in den dämmrigen Himmel – und schauen zu, wie die Fledermäuse bei ihrer nächtlichen Jagd durch die Lüfte zischen.

Wohin in der Kleinen Luxemburger Schweiz?

Autor **Johannes Teschner** kennt diese Ecke des Landes so gut, dass ihm Fuchs und Hase gute Nacht sagen – und natürlich hat er die besten Tipps rund ums Wandern und Genießen

Staunen

MÜLLERTHAL TRAIL

Die drei Rundwege sind jeweils etwa 36 Kilometer lang: Route 1 bietet einen Querschnitt der Region mit Fels, Wald und Wiesen, Route 2 führt zu den spektakulärsten Felsformationen und Route 3 vor allem durch Bachtäler und an Burgen vorbei. Der Einstieg ist an vielen Stellen möglich, die Region hält ein gutes kostenloses Busnetz bereit.
mullerthal-trail.lu

AUSSTELLUNG DES »NATUR- UND GEOPARKS MËLLERDALL«

Um die Besonderheiten der Natur im Müllerthal zu verdeutlichen, hat die Geologin Birgit Kausch in Beaufort eine Ausstellung eingerichtet, die den Besucher mitnimmt auf eine Reise durch die Zeit und an verschiedenen Stationen erklärt, wie über Millionen von Jahren die einzigartige Landschaft entstanden ist.
Beaufort, 8 Rue de l'Auberge
naturpark-mellerdall.lu

ECHTERNACH

Echternach ist das kulturelle Zentrum des Müllerthals und die älteste Stadt Luxemburgs. Der angelsächsische Mönch Willibrord gründete sie 698: Er war gekommen, um die Friesen zum Christentum zu bekehren, und ließ sich hier nieder. Nach dem Tod wurde er als Heiliger verehrt. Die Echternacher Springprozession, die zu Pfingsten Tausende Besucher anlockt, geht auf ihn zurück.

Schlafen

HOTELS IN ECHTERNACH

»Le Petit Poète« ist ein familiengeführtes Hotel samt gutem Restaurant am Echternacher Marktplatz; luxuriöser sind das »Eden au Lac« und das »Hôtel Bel Air«, beide im Grünen gelegen und mit großem Spa-Bereich ausgestattet.
Le Petit Poète 13 Place du Marché
lepetitpoete.lu
Eden au Lac 1 Nonnesees
edenaulac.lu
Hôtel Bel Air 1 Route de Berdorf
hotel-belair.lu

BERDORFER ECK

Das Ehepaar Schmitt bietet in seinem Laden leckere regionale Produkte an, obendrüber haben sie Gästezimmer eingerichtet. Beim Frühstück blickt man auf den reichhaltigen Kräutergarten an der Terrasse.
Berdorf, 53 Rue d'Echternachberdorfer-eck.l

Essen & Trinken

HERINGER MILLEN

Früher gab es viele Mühlen an den Flüssen der Region, heute ist die Heringer Millen eine der letzten. Bei ihrer Restauration hat der Schreiner und Geschäftsführer Robi Baden selbst Hand angelegt – und ein stimmiges Ensemble von Alt und Neu geschaffen. Ein junger, ambitionierter Küchenchef bereitet im Restaurant der Mühle delikate Gerichte zu.

Müllerthal, 1 Rue des Moulins
heringermillen.lu

Der frühere Justizpalast (rechts) prägt das Bild des Marktplatzes von Echternach

FOTO: GEORG KNOLL

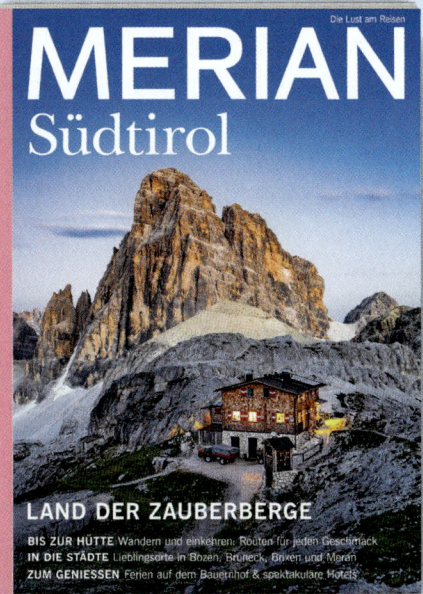

Ist schon eine Marke: Monsieur Zimmer im Dreiteiler und mit weinrotem Jaguar in der Einfahrt seines Château de Clemency

DER TAUSENDSASSA
AUS BETTEMBURG

Er kleidet sich wie ein Dandy der Belle Époque und ist einer der umtriebigsten Geschäftsmänner Luxemburgs: **Pascal Zimmer,** 57, Boutique-Besitzer, Judo-Meister und neuerdings auch Hotelier im eigenen Schloss

TEXT **ALEXANDER TIEG** FOTOS **CHRISTINA KÖRTE**

Die Strecke ist weit und die Nacht noch lang. Kaum ein Baum am Straßenrand oder sonst irgendetwas, das Abwechslung böte. Diese Autobahn zwischen Paris und Luxemburg, sagt Pascal Zimmer, sei die fadeste auf der ganzen Welt. Noch mehr als 200 Kilometer bis nach Hause. Zimmer fängt an zu sinnieren. Man müsste mal.

Es muss an einem Sonntag im Sommer 2004 gewesen sein, so erinnert sich Zimmer später. Er sitzt an einem Konferenztisch in seinem Büro und erzählt in Anekdoten aus seinem Leben, wie das alles zusammenhängt: das Bauunternehmen, das ihm gehört, seine Karriere als Leistungssportler und wie er zum Hotelier im eigenen Schloss wurde. Zuerst aber die Sache mit der Boutique.

Zusammen mit seinem Kumpel Laurent ist er gerade auf dem Heimweg. Es ist bereits dunkel, halb elf Uhr abends, vielleicht auch etwas später. Die Männer waren zum Einkaufen nach Paris gefahren, einer ihrer Männer-Trips übers Wochenende, wie Zimmer sagt. Ja, wirklich, man müsste mal, so ging es damals los im Auto, man müsste mal das Handwerk der besten Herrenausstatter und die Ikonen der Männermode an einem Ort zusammentragen.

Als die beiden Freunde zu Hause ankommen, haben sie eine Idee und einen Namen: Ihr Geschäft Basics & Bespoke solle eine Hommage sein an die zeitlosen Klassiker des Schneiderhandwerks, bei dem jedes Kleidungsstück mit dem Kunden besprochen und maßgefertigt wird. Eine Boutique, wie es sie noch nicht gibt. Ein Ort für ehrwürdige Gentlemen und moderne Dandys.

So kam Zimmer zu einem Modegeschäft. Er wollte etwas, das er nicht finden konnte, und machte es einfach selbst. Im Oktober 2004 eröffnete der Laden in einer ehemaligen Eisdiele in der Stadt Luxemburg. Heute firmiert das Herrengeschäft als The Chap in der Innenstadt, samt Maßschneiderei für Anzüge vom Herrenausstatter Henry Poole, der vor mehr als 200 Jahren sein Geschäft in London eröffnete und den Mythos der Savile Row, der Goldenen Meile der Edelschneider, begründete.

Dass ein Text über Pascal Zimmer ausgerechnet mit einer Anekdote über Mode beginnt, ist so abgedroschen wie naheliegend. Denn der Mann kleidet sich wie ein Dandy der 1920er Jahre: mit maßgefertigtem Tweed-Anzug, Paisley-Krawatte und Manschettenhemd. Er trägt handgenähte Schuhe und Schiebermütze, unterschreibt mit Federhalter und hasst Sneakers, seit er mit dem Leistungssport aufgehört hat.

Pascal Zimmer ist eine Marke, die seine eigenen Marken schmückt. Er selbst würde wohl eine Analogie aus dem Buch über Männermode bemühen, das er geschrieben hat: »Das Tragen von Turnschuhen überlasse ich den Jungs, die es noch nicht besser wissen.«

KLASSIKER Zeitlos schicke Kleidung und Accessoires bietet Zimmers Team »Basics Bespoke« im gleichnamigen Luxus-Modegeschäft an

Mögen Sie es gerne gemütlich? Dann sind Sie als Gast in dem »Schlösschen« genau richtig. Egal, ob **1** im Treppenhaus mit den originalgetreu erhaltenen Stufen oder in **2** einem der Sessel im stilvollen Kaminzimmer der Sherlock-Holmes-Suite

Zimmer wurde 1964 als Arbeiterkind geboren. Er ist 57 Jahre alt, verheiratet und hat zwei Töchter. Er lebt in seinem Elternhaus in Bettemburg, im Süden von Luxemburg, und ist einer der umtriebigsten Geschäftsmänner des Landes. Seine erste Karriere hatte er als Leistungssportler. Er ist 27-facher Landesmeister im Judo, kämpfte bei Welt- und Europameisterschaften. »Ich war überzeugt, dass ich irgendwann einmal eine olympische Medaille für Luxemburg nach Hause hole«, sagt er. An der Olympia-Teilnahme scheiterte Zimmer zwar, aber sein Land hat er bei Wettkämpfen in Paris, London, Wien und Basel vertreten. Er beendete seine Laufbahn im Jahr 1992, machte anschließend seinen Trainerschein an der Sporthochschule in Köln und wurde Trainer des Judo-Nationalteams seiner Heimat. Drei Dinge aus dieser Zeit wirken bis heute nach. Erstens: Sneakers nur beim Sport. Zweitens: Während eines Turniers in London, damals ist Zimmer 17 Jahre alt, steht er morgens um acht Uhr in der Jermyn Street und kauft, als der Laden um 10 Uhr endlich öffnet, so erzählt er es, bei Bates seine erste Schiebermütze. Drittens: der akademische Ansatz des Leistungssports in Russland. In den Trainingszentren hätten Gemälde gehangen, es habe eine andere Aura geherrscht, »nicht so dumm und blöd wie anderswo«, erzählt Zimmer. Deadlifts und Dostojewski, das habe sich dort nicht ausgeschlossen.

Während seiner Trainerausbildung spezialisiert er sich auf das Thema Periodisierung: Wann muss wie intensiv trainiert werden, um zum gewünschten Zeitpunkt in Topform zu sein. Immer wieder freitags trifft er sich mit Freunden in einer Kneipe in Köln. »Man sitzt am Tresen, verbessert die Welt und sagt so Sprüche wie: Ja, man müsste mal ein Fitnessstudio aufmachen, das so ist wie ein Olympiastützpunkt.« Und weil man häufiger die Dinge tun müsste, von denen man behauptet, dass man sie einfach mal tun müsste, eröffnet Zimmer im Mai 2012 ein Fitnessstudio in seinem Heimatort Bettemburg. Training in kleinen Gruppen, persönliche Betreuung, Kraftübungen ohne Geräte. Er erinnert sich an seine Eindrücke aus Russland und dekoriert das Studio mit Ölgemälden und Skulpturen in Sportposen. »Man kann schon 200 Kilo Kreuzheben machen und trotzdem wissen, ob Hermann Hesse jetzt Fußballer ist oder Schriftsteller.«

Die ehemalige Molkerei, in der das Fitnessstudio untergebracht ist, hatte Zimmer im Jahr 1998 erworben. Er war längst auch Bauunternehmer und Projektentwickler. Denn als er sein Elternhaus erbte und es restaurieren lassen wollte, fand er niemanden für den Job. Also gründete er eine eigene Firma, renovierte im Auftrag alte Häuser oder kaufte Gebäude, restaurierte und vermarktete sie dann. Das tut er bis heute: Aus alten Industrieartefakten werden Loftwohnungen, verfallene Villen macht er zu Büros oder Schlösser zu Hotels. So wie zuletzt in Clemency, im Südwesten Luxemburgs, an der Grenze zu Belgien, seinem jüngsten Herzensprojekt.

Das kleine Château liegt direkt neben der Kirche in einer Art Innenhof, umgeben von Wohnhäusern, von der Dorfstraße ist es nicht einsehbar. Es wurde im Jahr 1665 von Johann Ferdinand von Blanchard, Lehnsherr von Clemency, aus Schutt errichtet. Später wurde das Schloss abgetragen, um einige Meter versetzt wiederaufgebaut und danach noch mehrmals umgebaut. Pascal Zimmer kaufte es 2004.

Viel sei damals nicht zu erkennen gewesen vom Schloss, erzählt Zimmer, eigentlich nur die Treppe. »Das war eine einzige Mülldeponie«, sagt er. Die Zimmer seien meterhoch mit Sperrmüll zugestellt gewesen, nur eine Art Graben hätte durch die einzelnen Räume geführt. Aber da sei diese Treppe gewesen, sagt Zimmer, wunderschön habe er die gefunden. Die Restaurierung des »Schlösschens«, wie Zimmer es nennt, dauert mehr als zwei Jahre. Die Außenmauern mussten abgestützt, Holzbalken im Innern entwurmt und präpariert, Wände verputzt und Böden erneuert werden. Eine Zeit lang nutzte Zimmer das Gebäude als Büro, ehe er es noch einmal umgestaltete. Heute ist es ein Gästehaus mit fünf Zimmern, Gemeinschaftsküche und Essbereich. »Das bringt keine Schiffe auf dem Rhein, aber ist irgendwie cool«, sagt Zimmer.

Jedes Zimmer hat ein eigenes Thema, ist eine Reminiszenz an Vergangenes oder Persönliches. Die Apartments erzählen von Zimmers Interessen, Idealen und seiner Familiengeschichte. So ist ein Raum seinem Vater gewidmet, einem Stahlkocher, und würdigt mit seinem Design die alte Stahlindustrie des Landes. Fußboden und Wände im Badezimmer sind aus anthrazitfarbenem Beton, mit Ablagen, die an Felsspalten unter Tage erinnern. Das Bad als Sinnbild für den Schmutz und das Dunkel der Mine. Im Gegensatz dazu das helle Schlafzimmer: nach getaner Arbeit hinaus in den Tag, ins Licht am Ende des Minenschachts.

Ein anderes Zimmer erinnert an die 1920er Jahre: das Zeitalter der mondänen Reisen, Le Corbusier, Lichtspielhäuser und Leichtbauweise. Der Zimmer-

boden ist aus gebürstetem Aluminium, die Regale sind mit Filmprojektoren dekoriert, vor dem Fenster steht ein Sessel vom Sonnendeck eines alten Kreuzfahrtschiffes. Es gibt eine Belle-Époque-Suite mit einem umlaufenden Deckenspiegel im Brasserie-Stil, Ölgemälden in opulenten Goldrahmen und einem drapierten Kaffeeservice. Eine Etage darüber liegt eine Suite, die Sherlock Holmes gewidmet ist: ein Kuriositätenkabinett früherer Zeiten – mit ausgestopften Tieren, Zeichnungen des menschlichen Skeletts und Apothekergläsern für Baldrian, Magnesium und Paraffin.

Das Dachgeschoss schließlich trägt den Namen »Pascal's Angels« und repräsentiert auf 130 Quadratmetern alles, was der Schlossherr liebt: ein akzentuiertes Loft mit klassischem Chesterfield-Sofa und Aktbildern in moderner Schlichtheit. Raue und schroffe Materialien, altes Gemäuer, viel Beton und blankes Gebälk. Ein Bildband von Helmut Newton liegt auf dem Couchtisch, daneben ein Buch über antike Bildhauerkunst. Der Holzfußboden ist so alt wie das Schloss selbst. »The real thing«, nennt Zimmer diese Art zu leben, authentisch und schnörkellos. Qualität im Detail, kein üppiges Mittelmaß.

Kürzlich wurde Zimmer ein weiteres Schloss angeboten, erzählt er, mit viel Platz, um Altes neu zu interpretieren. »Man müsste mal die ganze Hotellerie neu denken«, sagt er. Eine Idee hat er schon. ∎

Château de Clemency
Clemency, 18 Rue de l'Eglise, chateaudeclemency.lu
Fünf Zimmer und eine Gemeinschaftsküche

BEREITS ALS TEENAGER kaufte der heute stets perfekt gekleidete Pascal Zimmer beim Herrenausstatter in London ein. Er hat auch schon ein Buch über Männermode geschrieben

Häuser mit Stil und besonderer Wärme

Wenn sich eine Hotelzimmertür öffnet, möchte man sich fast wie zu Hause oder sogar noch besser fühlen. Unsere liebsten Adressen in allen Himmelsrichtungen

Hauptstadt

GRAACE HOTEL

Eine einstige Metallfabrik, unweit vom Bahnhof im einstigen Arbeiterviertel Bonnevoie, eröffnete 2020 als Hotel und Gesamtkunstwerk neu. Geschaffen hat es der Alround-Kreative Steve Krack, seine Idee für das Gelände: Natur übernimmt Industrie. Und so tut sich nun hinter einem hohen Metalltor eine verschachtelte, teils überwucherte, sehr entspannte kleine Welt auf, die 2021 mit dem Luxembourg Tourism Award ausgezeichnet wurde. Die 30 Zimmer sind nicht riesig, aber kleine Raumnutzungswunder mit viel Holz und recycelten Materialien. Viel Platz bietet die 80 Quadratmeter-Suite. Und ein Kleinod befindet sich auf dem Dach: die Tee- und Kaffeebar »Mizu«, wo Japan-Fan Pit von früh morgens bis nachmittags Oolong, Matcha, aber auch sehr guten Cappuccino zubereitet. Busse der Linien 2 und 9 fahren ins Zentrum keine zehn Minuten und halten gleich um die Ecke.
10 Rue Sigismond
graacehotel.com

MAMA SHELTER

Die junge französische Hotelkette unterhält schon Häuser in neun Ländern und lässt sich auch von der Pandemie nicht aufhalten. Im Frühjahr 2020 eröffnete ihr Designhotel in der Hauptstadt, es gibt 145 hip eingerichtete Zimmer, ein großes Restaurant mit einem ausgezeichneten Frühstücksbüfett und eine im Sommer geöffnete Dachterrasse. Die Lage auf dem etwas öden Kirchberg ist nicht ideal, aber Philharmonie und Mudam befinden sich gleich in der Nähe, und mit der Straßenbahn sind es nur zehn Minuten bis ins Zentrum.
2 Rue du Fort Niedergrünewald
mamashelter.com/luxembourg

Süden

ESCHER BAMHAISER

Das Offensichtliche zuerst: »Bamhaiser« ist das deutlich süßere Wort als »Baumhäuser«, und ihr Aussehen steht dem Namen an Niedlichkeit in nichts nach. Die drei Bamhaiser wurden von dem deutschen Holzgestalter Jürgen Bergmann herrlich schief entworfen, sie gehören zum Tierpark auf dem Gaalgebierg und sind dementsprechend vor allem für Familien mit Kindern gedacht. Aber selbst wenn man aus dem Alter für das Streichelgehege längst raus ist, verzaubern die an Hogwarts erinnernden Türmchen des eigenen Baumhauscafés nebenan, das auch ohne Hotelreservierung einen Besuch lohnt.
Esch-sur-Alzette, 64 Gaalgebierg
bamhaiser.esch.lu

THE SEVEN HOTEL

Aus der Hotellandschaft von Esch-sur-Alzette sticht das »The Seven« wortwörtlich heraus – es liegt ebenfalls auf dem Gaalgebierg, und aus der Suite hat man einen fantastischen Blick über die Stadt. Das Vier-Sterne-Designhotel verfügt über sieben Etagen, die ihm seinen Namen geben. Darin finden sich neben stilvoll eingerichteten Zimmern auch das Restaurant »Bosque FeVi«, in dem Küchenchef Fernando Andreu zeitgemäße Küche mit spanischem Schwerpunkt auftischt, sowie eine Bar mit einer guten Auswahl an Gin Tonics. Und obwohl das Hotel idyllisch am Berg hängt, ist es von seiner Schwelle nur eine gute Viertelstunde zu Fuß bis ins Stadtzentrum.
Esch-sur-Alzette, 50 Gaalgebierg
thesevenhotel.lu

Osten

JUGENDHERBERGE REMERSCHEN

Als architektonische Prachtstücke sind Jugendherbergen nicht unbedingt bekannt, aber diese wurde von Stararchitekt François Valentiny entworfen. Für seinen Heimatort in der Gemeinde Schengen im Dreiländereck verwandelte er ein ehemaliges Kloster in eine Herberge. Zwei der einstigen Zellen der Nonnen bilden heute immer ein Zimmer, insgesamt gibt es 150 Betten und einen hübschen Garten mit zwei Teichen, in die das Regenwasser vom Dach fließt.
Remerschen, 31 Wäistrooss, youthhostels.lu

HOTEL ECLUSE

Das Drei-Sterne-Hotel liegt in der Gemeinde Stadtbredimus und damit direkt an der Mosel. Das Interieur des selbst ernannten Designhotels wirkt bisweilen ein wenig provinziell, aber das Highlight ist ohnehin der Ausblick von Bett und Balkon auf den Fluss und die benachbarten Weinberge. 35 Zimmer hat das »Ecluse«,

1 Gemütlich, verspielt: Das »Mama Shelter« in der Hauptstadt **2** Ragt heraus: »The Seven Hotel« oberhalb von Esch-sur-Alzette **3** Für Outdoorfreunde am Rande des Naturparks Our: »Chalets Petry Spa & Relax« in Bettel

dazu einen kleinen Wellness-Bereich mit drei Saunen und das hauseigene Restaurant »Pier 29« mit einer stattlichen Weinauswahl.

Stadtbredimus, 29 Wäistroosshotel-ecluse.lu

Norden

CAMPINGPLATZ KAUTENBACH

Die Ardennen im Norden sind ein vergleichsweise wenig bereister und dabei herrlich schöner Landstrich Luxemburgs. Durch sie führt der 52 Kilometer lange Escapardenne Lee Trail, der zu einem der besten Wanderwege Europas gekürt wurde. An seinem Ende wartet zur maximalen Erholung der Campingplatz Kautenbach. Er liegt idyllisch in einem Tal am Ufer der Clerve, neben Stellplätzen gibt es Blockhütten zu mieten – und vor allem die stylish geschwungenen Pods, die mit Betten und Matratzen, Strom und Heizung bestückt sind. Schlafsack ausbreiten, Füße hochlegen.

Kautenbach, An der Weierbaach campingkautenbach.lu

CHALETS PETRY SPA & RELAX

Nur eine zehnminütige Fahrt von der Burg Vianden entfernt, am Rande des Naturparks Our, liegen diese sechs Chalets. Neun Rundwanderwege gibt es im Park, dazu viele Themen-Trails und Mountainbike-Strecken in der Nähe, aber so richtig will man die 2017 eröffneten Chalets, die genug Platz für bis zu acht Personen bieten, eigentlich nicht verlassen. Zu deren Ausstattung gehören nämlich jeweils eine Panoramasauna, ein Outdoor-Whirlpool und ein Kaminofen. Ach ja, und damit man vor dem Feuer das richtige Getränk in der Hand hält, gibt's auch einen eigenen Weinkühlschrank.

Bettel, 9 An der Gässel, chaletspetryspa.lu

Westen

ECOLODGES PÉITCHE LAUER

Wem die Baumhäuser in Esch zu abgehoben sind, der kann am Ufer der Attert ganz erdverbunden übernachten – in einem der drei als »Mushrooms« entworfenen Pfahlbauten der Ecolodges. Okay, auch ihre Betten sind über Leitern zu erreichen, und sie erinnern eher an Eicheln denn an Pilze, aber originell sind sie allemal. Im Gebäude nebenan gibt es noch neun ganz normale Zimmer, dazu kommt eine hübsche Brasserie in der alten Gerberei. Die Ecolodge liegt im Guttland, einem Teil des eher unbekannten Westen des Landes, aber auch hier gibt es einiges zu entdecken, etwa die romantische Burgruine von Useldingen.

Useldingen, 4 Am Tremel, peitchelauer.lu

DAS COMEBACK DES SÜDENS

TEXT **KALLE HARBERG**
FOTOS **ISABELA PACINI** UND **LUKAS SPÖRL**

Die Eisen- und Stahl-
industrie machte
Esch-sur-Alzette einst
groß, jetzt erfindet
sich die Stadt neu: als
Kulturmetropole mit
innovativen Ideen und
dem modernsten Viertel
in ganz Luxemburg

Neue Energie für ein altes Eisen:
Der Hochofen B ist heute
eingebettet in den Campus von
Belval. Schon immer der beste
Ort für das Feierabendbier: die
Kultkneipe »Pitcher« (links)

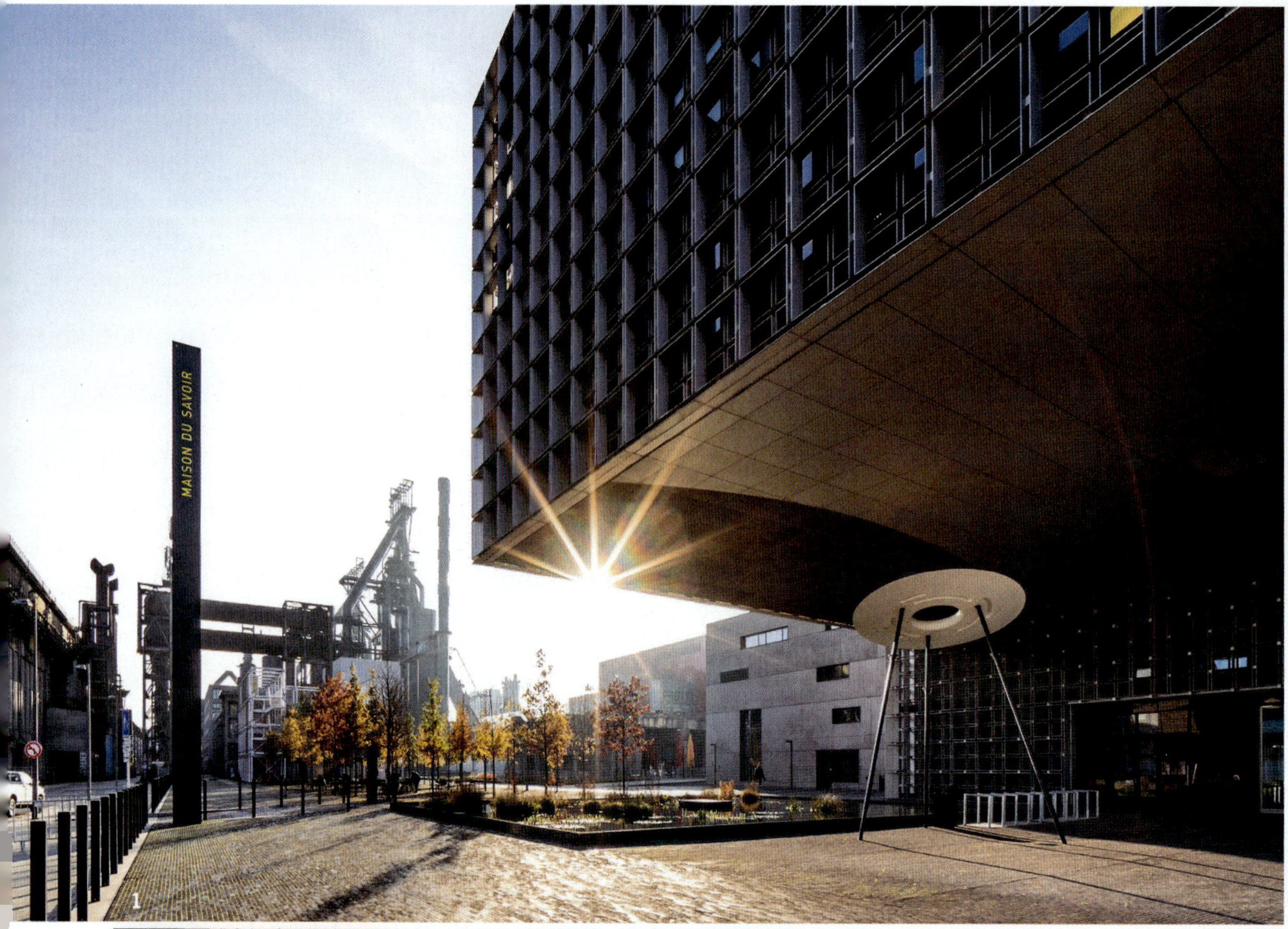
MAISON DU SAVOIR
1

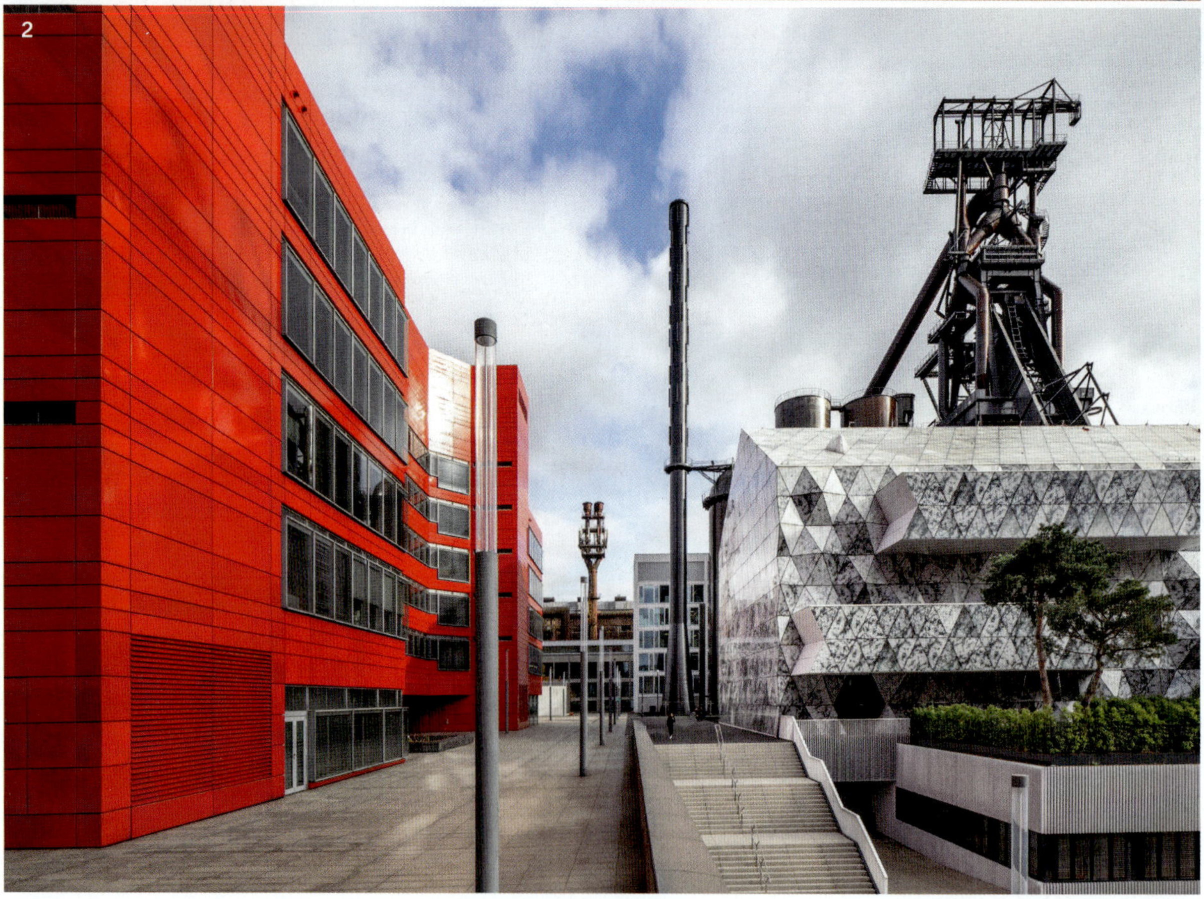
2

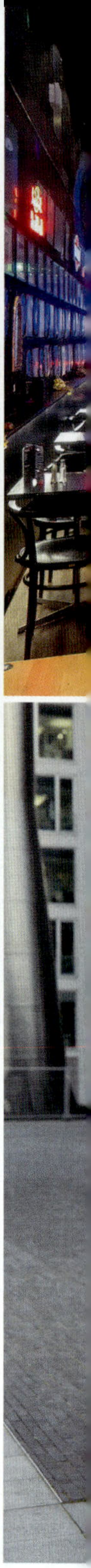

W

Wenn es Nacht wird in Belval, dann sieht es beinahe so aus, als würde in den beiden Hochöfen noch das Feuer brennen. Dann schlängeln sich die Scheinwerfer die Rohre hoch, lodern über das Metall – es fehlt nicht viel und man meint, das helle Surren hören zu können, mit dem in den Öfen einst das Eisen schmolz. So zumindest stellt man es sich gerne vor.

Die Wahrheit aber ist noch besser: Der echte Schmelztiegel liegt heute zu Füßen der stillgelegten Hochöfen. Denn um die zwei Wahrzeichen, die in der Dunkelheit bisweilen so kunstvoll illuminiert werden, entsteht gerade das modernste Viertel Luxemburgs. In einem knallroten Türmchen, das wie aus Lego-Blöcken zusammengesetzt wirkt, koordiniert das Team von »Esch2022« die Events der Europäischen Kulturhauptstadt, nebenan ist ein Start-up-Inkubator aus dem Boden geschossen. Derweil hat auf der anderen Seite der Hochöfen die Royal Bank of Canada ihre Zelte aufgeschlagen, und auch die Universität von Luxemburg hat ihren neuen Campus hier und nicht in der Hauptstadt eröffnet – inklusive einer von Stararchitekt François Valentiny entworfenen Bibliothek, in die ein altes Förderband des Hochofens ragt. Belval ist eines der größten Konversionsprojekte des Kontinents, 2027 soll es fertig sein, 7000 Menschen werden dann auf dem Areal der alten Hütte leben. Klar, noch fehle es an Wohnungen, die Anbindung zum Stadtkern sei nicht gut, und auch ein wenig mehr Grün könne das Viertel durchaus vertragen, findet Jose Carsí. Und trotzdem kommt der Architekt und Art Director gerne hierher, nimmt seine Kamera mit, schießt Fotos der spektakulären Bauten, die zu etwas Neuem zusammenwachsen. »Man spürt jetzt, dass Belval langsam zu leben anfängt«, sagt Carsí.

Die Geschichte Luxemburgs lässt sich an Belval ablesen. Die Industrie, die das Land aufbaute, die Banken, die es reich machten, die innovativen Unternehmen und Institute, die es in die Zukunft führen sollen. Für die alte Arbeiterstadt Esch-sur-Alzette, zu der Belval offiziell gehört, soll es vor allem eins werden: eine Comeback-Story. Die Industrie kam, ging, und nun? Mit der Stahlkrise in den siebziger und achtziger Jahren fiel die Stadt in eine lange Depression. Während der Rest des Südens, ebenfalls vom Bergbau geprägt, sich vor allem als Naturreservat neu definiert hat (S. 68), kann Esch-sur-Alzette nicht darauf warten, bis sich Blumen durch den Beton zwängen. Die Stadt sucht nach ihrem Schicksal, schafft dafür vielerorts kleine Visionen. »Mir wëlle bleiwe wat mir sinn« lautet das inoffizielle Motto Luxemburgs. Für Esch-sur-Alzette müsste es eher lauten: Wir schauen mal, wer wir sein werden.

Jose Carsí jedenfalls ist in vielerlei Hinsicht ein typischer Escher. Er kommt eigentlich aus Valencia, wurde also so wie mehr als die Hälfte der Bewohner der Stadt nicht in Luxemburg geboren. Er arbeitet in einem Verlag in der Stadt Luxemburg, pendelt also wie Tausende täglich eine halbe Stunde mit dem Zug in die Hauptstadt. Und trotzdem ist Carsí wie viele verdammt stolz auf seine Wahlheimat. »Jünger, dynamischer und weniger vornehm« als die Kapitale sei die zweitgrößte Stadt des Landes,

1 Platzhirsch im Viertel Belval: die Uni mit dem Hörsaalgebäude, das eine Rasterfassade aus Aluminium überzieht **2** Forschung trifft Finanzen: Die Unibibliothek (rechts) liegt neben der roten Royal Bank of Canada **3** Auch wenn's manchmal noch leer ist in Belval, Bars wie hier in der Rockhal gibt es viele **4** Entdeckt immer wieder Neues im Quartier: Architekt Jose Carsí

sagt er. Aber dieses Land ist immer noch Luxemburg, weswegen man fairerweise anmerken sollte, dass in Esch-sur-Alzette nur rund 36 000 Menschen leben. Und auch an der Alzette liegt die Stadt nur noch dem Namen nach: Zwischen 1908 und 1915 ließ Esch seinen Fluss abdecken, auf Google Maps ist er zwar noch blau eingezeichnet, aber er plätschert heute unsichtbar unter der Fußgängerzone durch die Stadt.

Diese Fußgängerzone ist die längste des Landes und steht sinnbildlich für das Stadtbild. So ganz kann sie sich nämlich nicht entscheiden, ob sie pittoresk sein will oder nicht: Die Banner der Kulturhauptstadt hängen bereits über der Rue de l'Alzette, darunter wechseln sich schmucke Jugendstilbauten genauso mit öden Betonklötzen ab wie die Filialen der üblichen Handelsketten mit originellen Läden. Da wäre zum Beispiel das libanesische Restaurant »Chiche!«, das vorwiegend Geflüchtete beschäftigt und ihnen so eine Perspektive gibt. Oder die Boutique »Saladany«, die afrikanisches Kunsthandwerk aus Burkina Faso, dem Senegal und von der Elfenbeinküste verkauft. Angefangen hat die auf der anderen Straßenseite in einem Pop-up-Store der Stadt, die damit lokalen Händlern eine erste Ausstellungsfläche bietet. Der Andrang war so groß, dass Sara Bolliri und Serge Kaboré wenige Monate später ihr eigenes Geschäft eröffneten. Die beiden lernten sich in Burkina Faso kennen, als Bolliri an der luxemburgischen Botschaft arbeitete, als Paar hatten sie die Idee zu »Saladany«. Natürlich hätten sie darüber nachgedacht, ihren Laden in der Stadt Luxemburg aufzumachen, erzählt Sara Bolliri. »Aber hier fühlen wir uns einfach zu Hause«, sagt die 32-Jährige, die in Esch aufgewachsen ist. »Die Leute sind offen, und man kennt sich.«

Diesen Heimvorteil hatte Georges Kieffer nicht, als er das BENU Village gründete. Kieffer kommt eigentlich aus Remich an der Mosel, sein Ökodorf BENU – wie »be new« – liegt aber ganz nah an der französischen Grenze, die sich an Esch schmiegt. Es befindet sich in einem Haus, das wie kein anderes in Luxemburg ist. Neun zusammengesetzte Schiffscontainer, Wände isoliert mit Kalk und Elefantengras, schiefe Fenster überall und eine Fassade, in der Fahrradschläuche, Kinderspielzeug und zerschnittene CDs stecken, sowie jede Menge Bierdosen und Zigarettenschachteln, die Eschs Bürger einst auf der Baustelle liegen ließen. Als »Geschenke« beschreibt Kieffer diese Dinge euphemistisch, aber es hat noch einen tieferen Sinn: »Wir haben sie gesammelt und in die Mauer eingebaut, um zu sagen: Wir nehmen das mit, und wir wollen das zusammen machen.«

Schließlich ist das die Philosophie von BENU: Nichts muss weggeworfen werden. Hinter der einmaligen Fassade befindet sich seit 2018 eine Upcycling-Boutique, in der eine eigene Kollektion aus auf den ersten Blick wilden, aber doch überraschend stilvoll zusammengeschnittenen Stoffen verkauft wird. Genäht werden die »Unikate in Serie«, wie Kieffer sie nennt, ein Stockwerk darüber, bezahlt werden sie ganz fair nach der Arbeitszeit der Schneider, obendrauf gibt es eine lebenslange Garantie. Zwischen den Schlafbrillen und den Boxershorts steht der Luxembourg Green Business Award, den BENU gewann, mittlerweile kommen auch Forscher von Universitäten aus Frankreich, Deutschland und Belgien vorbei, um das Zero-Waste-Projekt zu studieren. Weil sie es halt einfach mal machen würden, erklärt Kieffer, und die Ideen umsetzten, von denen alle redeten. »Wir werden es nicht schaffen aus dem Konferenzraum heraus.«

OBEN Serge Kaboré kommt aus Burkina Faso, die farbenfrohen Sessel in seinem Laden »Saladany« stammen aus dem Senegal UNTEN Rund 400 Geschäfte liegen an der Rue de l'Alzette, unter der Straße verläuft der gleichnamige Fluss

LUXEMBURGS ZWEITGRÖSSTE STADT HAT ETWA SO VIELE EINWOHNER WIE MEPPEN – ABER JEDE MENGE PLATZ FÜR VISIONÄRE PROJEKTE

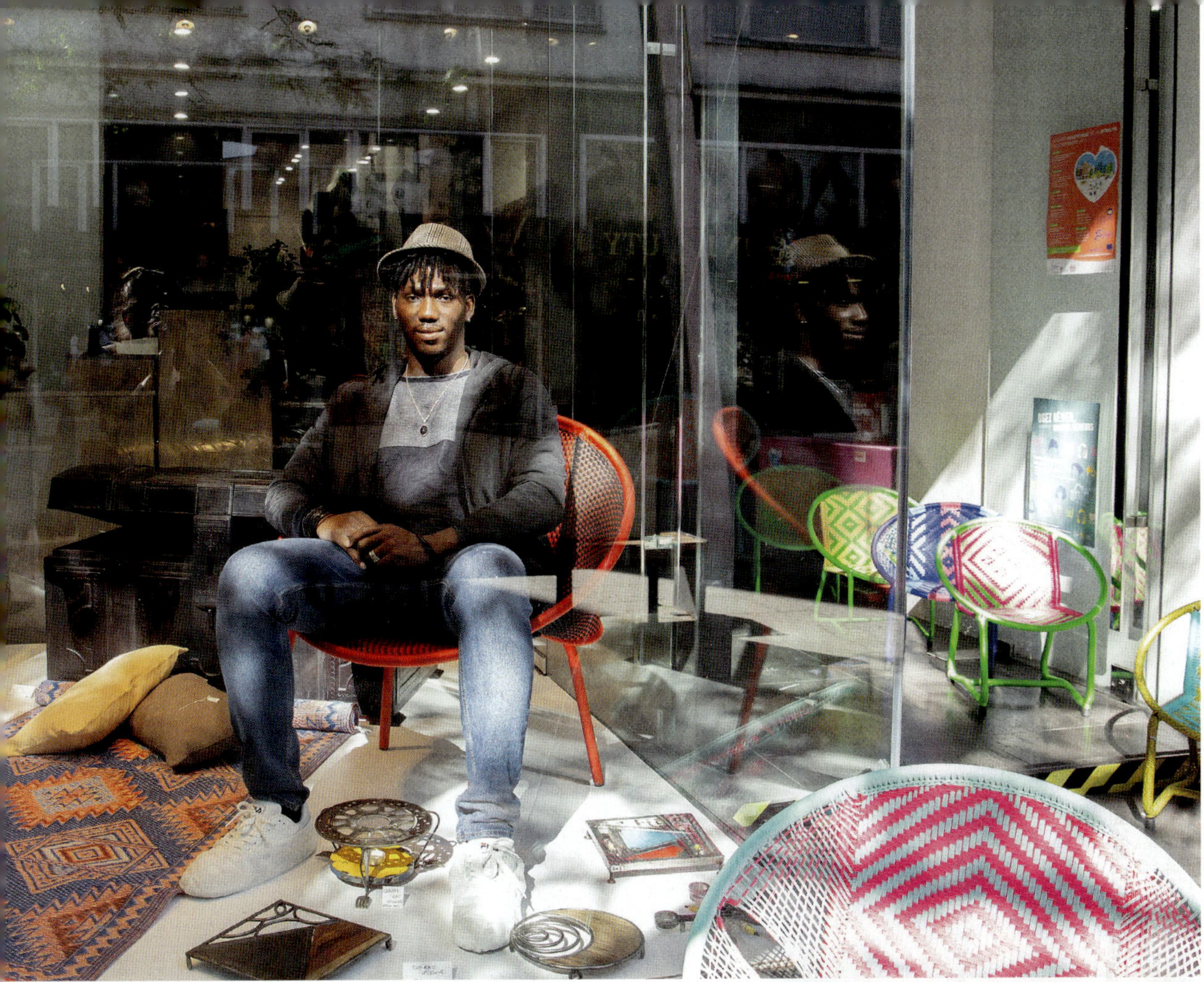

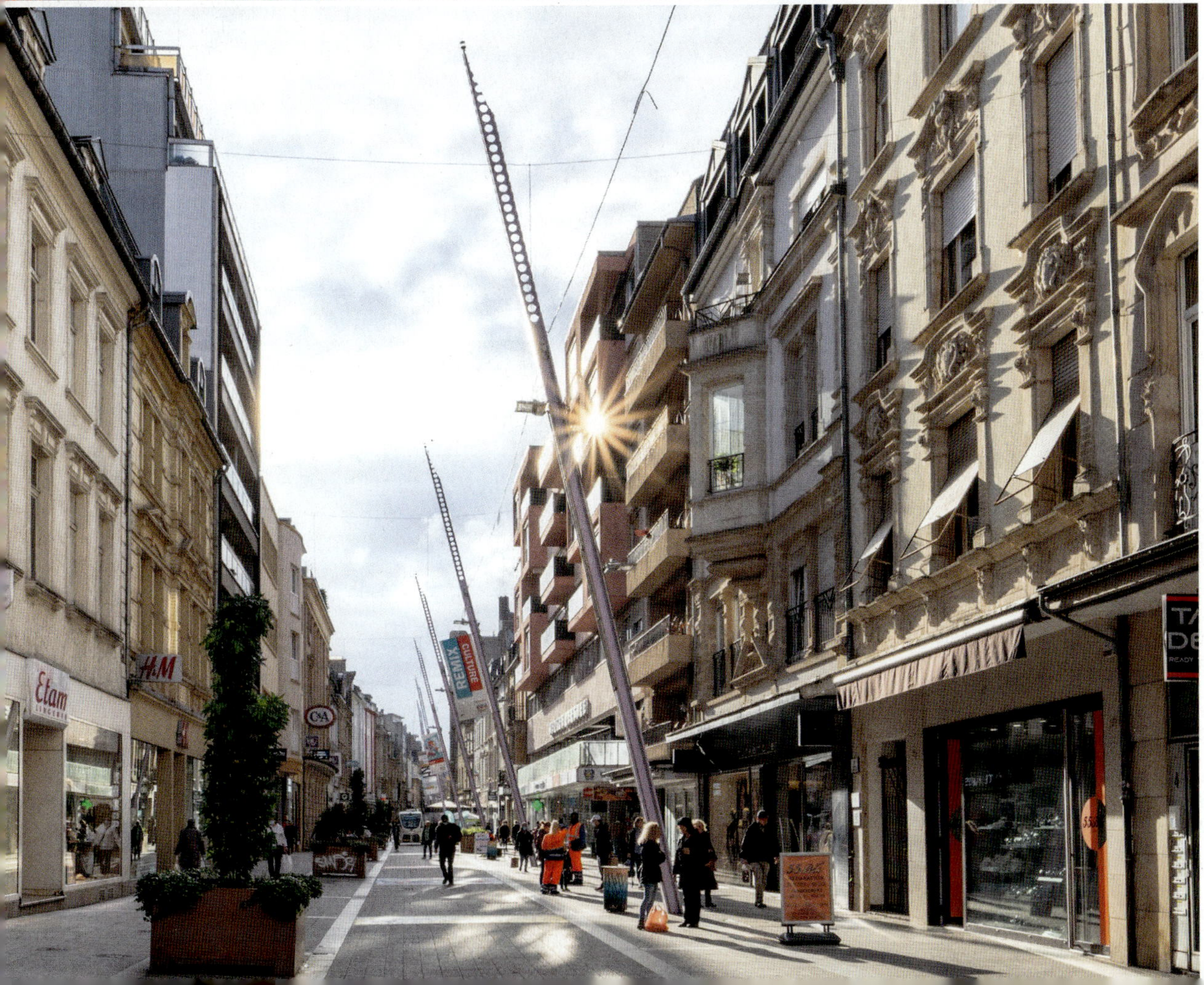
Etam
H&M
C&A

1

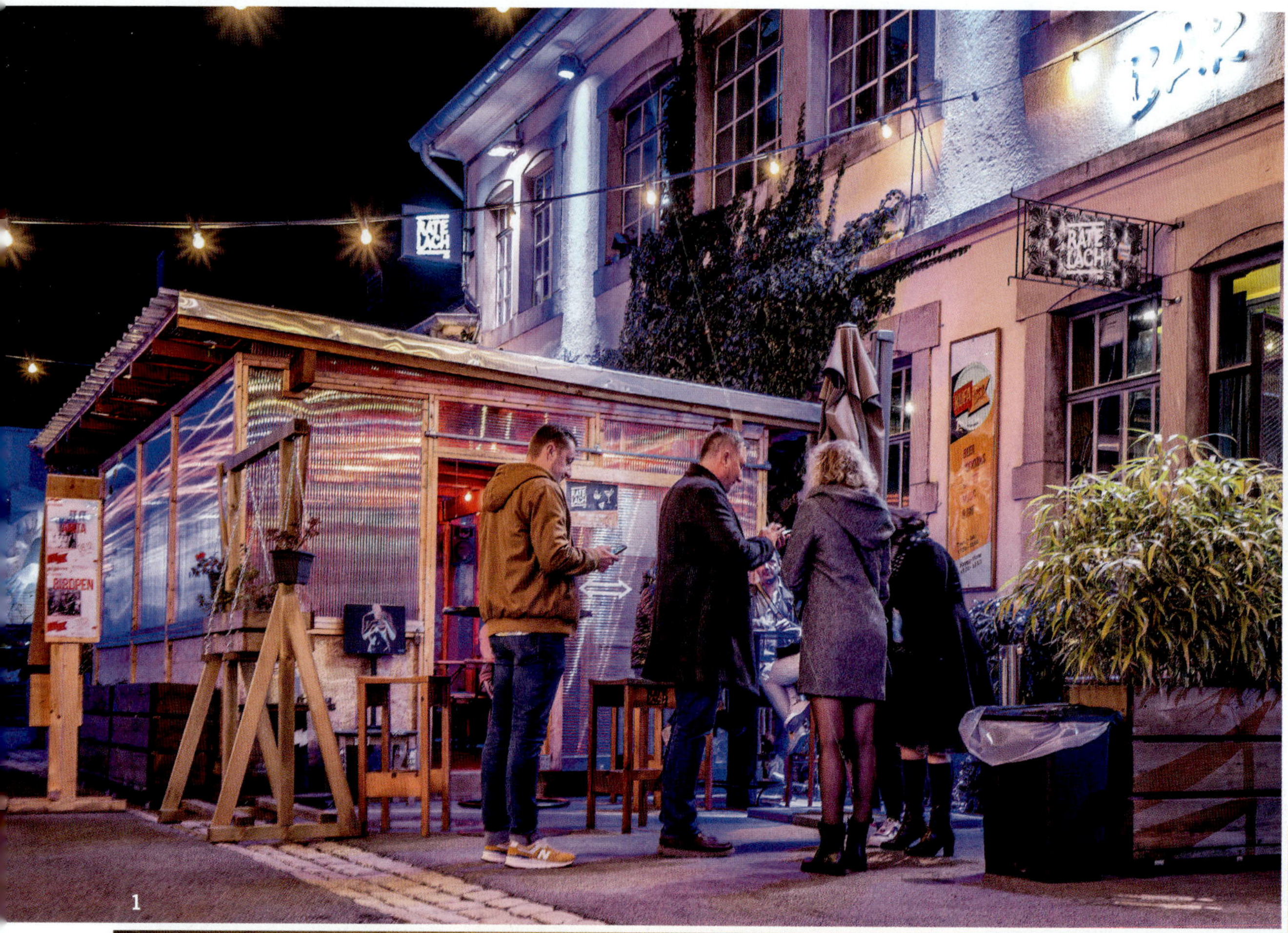
RATE LACH
BAR
RATE LACH

2

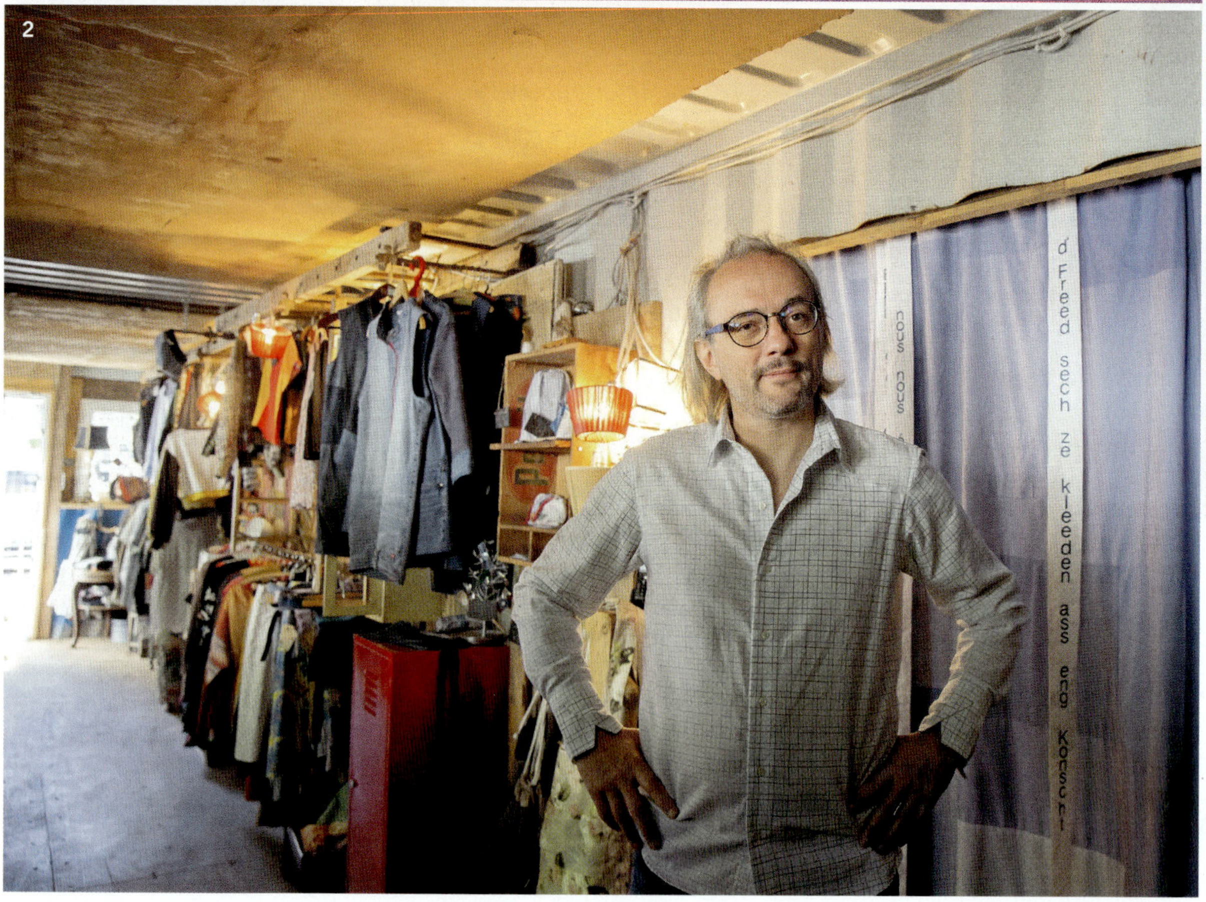
nous nous
d'Freed sech ze kleeden ass eng Konscht

Aber das Container-Haus ist eigentlich nur ein Provisorium. Auf der anderen Straßenseite entsteht das, was BENU auf lange Sicht sein soll: ein kleines Dorf ohne ökologischen Fußabdruck. In den nachhaltig gebauten Häuserblock wird die Boutique einziehen, aber auch ein Restaurant, eine Kreativwerkstatt, eine Schreinerei, die alte Möbel wiederherstellen wird, sogar ein Hotelzimmer mit eigener Sonnenterrasse. Anfang 2023 sollen die ersten Häuser eröffnet werden, das Provisorium wird parallel abgerissen. Einige Mitarbeiter hätten ihn gefragt, ob sie dann noch ihren Job hätten. Kieffer antwortete: »Leute, dann fängt es erst an!«

Es fängt wirklich erst an in Esch. Das Dorf ist nicht die einzige Baustelle: Im Süden von Esch gleich neben BENU entsteht auf einer ehemaligen Industriebrache das Quartier »Rout Lëns«, die rote Linse. Dazu kommen immer mehr kreative Projekte, »Unikate in Serie«, würde Georges Kieffer sie nennen, etwa die im Oktober 2021 neu eröffnete Kunsthalle – die »Konschthal«. Das Urgestein der Unikate ist die Kulturfabrik in einem ehemaligen Schlachthof, der in den achtziger Jahren von Künstlern besetzt und langsam in ein Kulturzentrum verwandelt wurde. Heute gibt es in der Kufa, wie sie genannt wird, zwei Konzertsäle, ein Kino, eine Bar und eine Brasserie sowie Ateliers.

Direktor René Penning sitzt auf einem Sofa im geräumigen Backstagebereich, an dessen Decken noch die Schienen und Haken für die Tierkadaver hängen. Der 49-Jährige ist hier im Süden groß geworden, aus dem Fenster seines Kinderzimmers konnte er die Hütte von Belval sehen, den glühenden Himmel über den Hochöfen. Später entdeckte er Punk und Hardrock für sich, spielte Bass in einer Band und landete in der Kufa. Natürlich dauere es, sagt er, bis all die Projekte zusammenwachsen würden, man dürfe nicht zu ungeduldig sein. »Aber wenn ich nach vorne schaue, dann denke ich, dass Esch eine blendende Zukunft vor sich hat.«

So sieht man das auch auf dem Gaalgebierg, der gleich hinter dem Bahnhof aufragt und die grüne Lunge der Stadt ist. Ein Herbstmorgen, die milchige Sonne schämt sich durch die Bäume, der erste Frost liegt auf den Beeten vor den Gewächshäusern. Fritz Remackel, Vorsitzender der gemeinnützigen Vereinigung CIGL, die hier den Escher Gemüsegarten betreibt, kommt auf seinem Elektrofahrrad angedüst, das man bei der Steigung des Berges auch braucht. Bei ihnen im Garten bekämen Arbeitslose, von denen es in Esch immer noch viele gibt, eine neue Ausbildung, erzählt Remackel, und sein Atem bildet eine kleine Nebelwolke vor seinem Gesicht, während er über die Anlage führt. Brokkoli, Tomaten, Kohl in vielen Sorten, »so ziemlich alles« würden sie hier anbauen, sagt der 66-Jährige, und dann auf dem Markt verkaufen oder an die Kitas von Esch weitergeben. Oder man schaut einfach bei ihnen im Garten vorbei: »Wir machen immer Gemüsekörbe, die wir jede Woche zusammenstellen.«

Es ist eine hübsche Ironie, dass ausgerechnet auf dem Gaalgebierg, wo einst Exekutionen am Galgen stattfanden, mit dem Gemüsegarten eine weitere Idee für Eschs Wiederauferstehung Form angenommen hat. Aus ihrer Talsohle sei die Stadt schon wieder raus, findet Fritz Remackel. »Ich hoffe, dass wir wieder an unsere Erfolgsgeschichte anknüpfen können.« Eine Comeback-Story eben. Und Remackel wünscht sich, dass Esch mit der Hauptstadt, die ihr in den letzten 30 Jahren doch den Rang abgelaufen habe, wieder auf Augenhöhe komme. »Natürlich anders. Esch ist immer anders gewesen, wird immer anders bleiben.« Aber anders bedeutet ja nicht unbedingt schlechter. Ganz im Gegenteil.

1 Die Kulturfabrik, kurz Kufa, ist der Anker der alternativen Szene, neben zwei Konzertbühnen gibt's hier auch eine Bar **2** Ein Ökodorf mit eigener Upcycling-Boutique: Georges Kieffer gründete das BENU Village **3** Neues Schwergewicht in der Kulturlandschaft: Im Oktober 2021 eröffnete die Konschthal **4** Diese Heimat von BENU ist nur ein Provisorium – gegenüber entsteht das wahre Dorf

Nach Feierabend

Auf die Frage, ob er sich erklären kann, wie sein »Pitcher« so beliebt wurde, antwortet Betreiber Jean-Claude Seiter mit einem souveränen: »Nein.« Am Wochenende gibt es hier keine vollere Kneipe als seine. Innen ist sie mit Americana dekoriert, aber oft ist der Andrang so groß, dass die halbe Stadt fröhlich auf dem Bürgersteig davor steht.
27 Grand-Rue, auf Facebook

Am Wochenende …

…quillt der Gaalgebierg im Sommer beinahe über vor Menschen, die es sich an den grünen Hängen gemütlich machen. Aber auf dem Berg gibt es noch mehr zu entdecken, zum Beispiel den Déierepark, ein niedlicher, kleiner Tiergarten, perfekt für den Sonntagsausflug mit der Familie.
64 Gaalgebierg, deierepark.esch.lu

Über Nacht

Die Hotelauswahl in Esch ist, gelinde gesagt, überschaubar. Das Hotel »Acacia« ist eine solide Mittelklasse-Unterkunft, das Frühstücksbüfett ist etwas sparsam, aber die eigentliche Stärke des Hauses ist die Lage nur einen Block von der Fußgängerzone entfernt.
10 Rue de la Libération
hotel-acacia.lu

Eine zweite Chance …

…hat sich Luxemburgs zweitgrößte Stadt verdient! Denn für ein altes Eisen hat Esch-sur-Alzette jede Menge Energie, die sich an diesen Ecken am besten erleben lässt

Sehenswert

BELVAL

Wie viele Stadtentwicklungsprojekte hat auch Belval mit Startproblemen zu kämpfen, aber immer mehr wird das Viertel mit Leben gefüllt – und ein Spaziergang durch das Areal der »Stadt der Wissenschaft« lohnt allemal. Der beste Beginn: die 40 Meter hohe Aussichtsplattform des **Hochofens A.** Einen Abstecher sollte man danach zur Ruine des **Hochofens C** machen, der abgebaut und in China wiedererrichtet wurde. Und Bücherwürmer werden ihr Herz anschließend an die sehr stilvolle **Unibibliothek** verlieren.

Kultur

KULTURFABRIK

Erst einen Happen in der **Brasserie K116** verdrücken, dann bei einem Konzert abrocken und hinterher noch in der Bar einen Absacker trinken – klingt nach einem runden Abend. Und von denen gibt es viele in der Kufa, wo auch noch Lesungen und Ausstellungen stattfinden.
116 Rue de Luxembourg, kulturfabrik.lu/de

KONSCHTHAL

Im Oktober 2021 eröffnete die Kunsthalle in einem **ehemaligen Möbelhaus,** auf vier Etagen werden zwischen Betonplatten und Stahlträgern zeitgenössische Schauen gezeigt – zum Auftakt sind im »Ego-Tunnel« Filme, Fotografien und Skulpturen des deutschen Künstlers Gregor Schneider zu sehen.
29-33 Boulevard Prince Henri, konschthal.lu

Einkaufen

SALADANY

Masken aus Burkina Faso, Holzpforten von der Elfenbeinküste oder farbenfrohe Sessel aus dem Senegal, gemacht aus Nylonfäden, die sonst für Fischernetze verwendet werden – Sara Bolliri und Serge Kaboré verkaufen in ihrer Boutique erlesenes Kunsthandwerk.
74 Rue de l'Alzette, facebook.com/saladanydeco

BENU VILLAGE

Das Ökodorf entsteht gerade erst, aber in dem Provisorium hat schon eine **Upcycling-Boutique** Platz, auf deren ausgefallene Stücke es eine lebenslange Garantie gibt. Gutes zu tun, zahlt sich bekanntlich auf lange Sicht immer aus.
51 Rue d'Audun, benu.lu

Essen und Trinken

CHICHE!

Die erste Filiale des von Flüchtlingen betriebenen Restaurants eröffnete in der Hauptstadt, die zweite in Esch. Das libanesische Essen ist hervorragend – die **Shawarma Combo** probieren! – und die Stimmung mehr als herzlich. »In Esch ist es einfach, Freunde zu finden«, sagt Kellner Othmane. Wo er recht hat.
125 Rue de l'Alzette, chiche.lu

DRUPI'S

Die Weinbar ist ein beliebter Treffpunkt in der Fußgängerzone. Es gibt ausgezeichnete **italienische Jahrgänge** – und dazu noch eine vortreffliche Pasta.
26 Rue de l'Alzette, drupis.lu

E22 ESCH-SUR-ALZETTE
EUROPEAN CAPITAL
OF CULTURE

TOGETHER WITH

OUR PARTNERS

mikado

**Esch2022 is proud to be European Capital of Culture.
Esch-Alzette, Luxembourg's second largest city, together with the South of Luxembourg municipalities, and municipalities in the North of France, are European Capital of Culture.**

MAIN PARTNERS

 ArcelorMittal

FERRERO

SUPPORTING PARTNERS

ACCOR

BOFFERDING
De Béier vun hei.

CFL

Luxair

LUXLAIT

POLL-FABAIRE
CRÉMANT DE LUXEMBOURG

TICE

WITH THE SUPPORT OF

LE GOUVERNEMENT
DU GRAND-DUCHÉ DE LUXEMBOURG
Ministère de la Culture

LUXEMBOURG
LET'S MAKE IT HAPPEN

EUROPEAN CAPITAL
OF CULTURE

ESCH2022.LU

1 Oben auf dem Gehaansbierg bei Düdelingen stehen die Ruinen einer mittelalterlichen Burg **2** Das Schloss Sassenheim ist dagegen in einem Top-Zustand **3** Hohe Kunst: Monnerichs Kulturzentrum »Beim Nëssert« **4** Haus mit Tiefgang: das Nationale Bergbaumuseum in Rümelingen

Schlösser, Stollen und Schumachers Kartbahn

Das Minett ist mehr als nur Esch-sur-Alzette:
Die Gemeinden des Südens sind reich an Kultur, Natur
und Legenden. Tipps für Streifzüge durch die Region

BETTEMBURG

Eine der beliebtesten Attraktionen Luxemburgs hat hier ihre Heimat: Seit 1956 lockte der **Parc Merveilleux,** eine Mischung aus Tier-, Freizeit- und Märchenpark, mehr als 10 Millionen Besucher an. Für Familien gibt es eine wilde Mischung aus Miniaturzug, Minigolf, Streichelzoo und Tropenhaus mit etwa 200 Tieren sowie Märchenfiguren zu entdecken. Auch schön zum Spazieren: der Park des **Bettemburger Schlosses,** in dem jeden Sommer bei der »Nuit des Merveilles« viele artistische Darbietungen stattfinden. Eine hervorragende Adresse für das Essen zwischendurch: das italienische Restaurant **La Celula** in der alten Molkerei.

Parc Merveilleux Route de Mondorf,
parc-merveilleux.lu
Bettemburger Schloss 13 Rue du Château
La Celula 67 Route de Dudelange

MONNERICH

Von der Industrie, die den Süden prägte, blieb Monnerich ziemlich unangetastet – hier wurde seit jeher vor allem auf die Landwirtschaft gesetzt. Umso verwunderlicher, dass die Attraktion der Gemeinde die fast 900 Meter lange **Kartbahn** ist, die einzige des Landes, auf der schon der kleine Michael Schumacher seine erste Rennlizenz machte. Nach einer adrenalingeladenen Runde ist das **Kulturzentrum Beim Nëssert** gut, um es etwas ruhiger angehen zu lassen.

Karting Monnerich 152 Rue de Limpach
Kulturzentrum »Beim Nëssert«
14 Rue de Schifflange

DÜDELINGEN

Das **Centre National de l'Audiovisuel, kurz CNA,** ist das wichtigste Medienarchiv des Landes: Mehr als 500 000 Fotos, Filme und Tonaufnahmen, die sich alle um Luxemburg drehen, werden hier aufbewahrt. Ein Kino, in dem neben aktuellen Streifen auch Klassiker gezeigt werden, gibt es auch. Aber »die Schmiede des Südens«, wie Düdelingen genannt wird, hat nicht nur eine künstlerische Seite, sie kann sich auch ganz natürlich geben: Das **Reservat Haard** gehört zum größten Naturschutzgebiet Luxemburgs, und auf der Spitze des Gehaansbiergs findet man die romantischen Reste der **Burg Mont Saint-Jean.**

Centre National de l'Audiovisuel (CNA)
1b Rue du Centenaire, cna.public.lu
Naturreservat Haard
Rue des Usines, visitminett.lu
Burg Mont Saint-Jean
Rue du Mont Saint-Jean

KAYL UND TETINGEN

Das kleine Kayl ist die Heimat der Schutzheiligen der Bergleute. Die Pilgerstätte **Léiffrächen** besteht aus einer Marienstatue, die seit dem 18. Jahrhundert in einer Felsnische thront. Direkt gegenüber ragt das deutlich jüngere **Nationale Bergarbeiterdenkmal** in den Himmel, und im benachbarten Tetingen hat es sich das **Kulturzentrum Schungfabrik** im Gebäude einer alten, man ahnt es, Schuhfabrik gemütlich gemacht.

Léiffrächen Rue Notre-Dame
Schungfabrik 14 Rue Pierre Schiltz,
schungfabrik.lu

SASSENHEIM

Die **Eis Epicerie** ist kein gewöhnlicher Lebensmittelladen: Nicht nur, weil sie von einem Graffito des Street-Artists Alain Welter verziert wird, sondern weil hier mehr als tausend regionale Produkte verkauft werden. Wie gut die schmecken, lässt sich in der hauseigenen Brasserie »meet & greet« probieren. Bestens gestärkt, kann man danach dem **Schloss Sassenheim** einen Besuch abstatten. Das 1557 erbaute Palais ist nicht zugänglich,

MIT DEM RAD DURCH DAS MINETT

*Das regionale Fahrradleihsystem »Vël'Ok« ist
nicht nur auf Esch-sur-Alzette beschränkt – die
Stationen verteilen sich auf viele Orte im Süden.
Zwei Stunden lang ist die Nutzung kostenlos, und zur
Flotte gehören auch knapp 500 E-Bikes, damit man
es sicher bis in den nächsten Ort schafft.*

Alle Infos zur Registrierung unter velok.lu

dafür aber der hübsche Park, der im Juli etwa für die Gartenparty »Summerfeeling« genutzt wird.

Eis Epicerie 2 Rue du Knapp, eisepicerie.lu
Schloss Sassenheim Rue du Château

RÜMELINGEN

Schutzhelm auf und rein in die alten Stollen! Zum 1973 eröffneten **Nationalen Bergbaumuseum** gehören insgesamt vier ehemalige Minen, in denen die Mehrzahl der Ausstellungsstücke inszeniert wird. In der erstaunlich guten Brasserie des Museums kann man nach dem Rundgang wieder die Batterien aufladen, um den Tag vielleicht in Luxemburgs ältestem Kino ausklingen zu lassen: Seit 1912 werden im **CinéKursaal** Filme gezeigt.

Nationales Bergbaumuseum 1 Rue des Mines
CinéKursaal 8 Rue des Martyrs, caramba.lu

SCHIFFLINGEN

Nach der Hauptstadt und Esch-sur-Alzette ist die Gemeinde die am dichtesten besiedelte im Großherzogtum. Von hier kommen einige der berühmtesten Sportler des Landes, und auch für Schifflingens Attraktionen muss man fit sein. Da wären etwa der **Red Rock Skatepark** und der 36,5 Kilometer lange **RedRock MTB Trail Lalléngerbierg – Gaalgebierg.** Durch das für seine rote Erde bekannte Terrain, auch »Little Utah« genannt, führt zudem der kurze und kurzweilige **Planetenlehrpfad De Saturn.**

Red Rock Skatepark 6 Chemin de Bergem
Planetenlehrpfad Stade Jean Jacoby

PETINGEN

Nirgendwo im Minett wird die industrielle Vergangenheit so greifbar wie in Petingen: Zum einen liegt in der Gemeinde ein Teil des **Minett Park Fond-de-Gras,** für viele Relikte des Bergbaus zusammengetragen wurden, zum anderen der in ein Naturreservat umgewandelte Tagebau **Giele Botter** (siehe

Auf der anderen Seite

Stählerne Kirche

Der Norden Frankreichs ist nur einen Katzensprung entfernt und eng mit der Region verwachsen. Auch hier gibt es einiges zu entdecken: zum Beispiel die ungewöhnliche **Kirche Saint-Gorgon** in Aumetz, die mit ihrer fast bedrohlich wirkenden Ziegelsteinfassade und ihrem spitzen Turm fast an ein Fabrikgebäude erinnert.

Aumetz, Rue de l'Église

Schöne Streifen

Ein italienisches Filmfestival in Frankreich? Allerdings! Auch hier im Norden ließen sich viele Italiener nieder, um in der Eisen- und Stahlindustrie zu arbeiten. Seit mehr als 40 Jahren findet in Villerupt ihr **großes Filmfestival** statt, 2022 bekommt es mit »L'Arche« in Micheville eine neue Heimat.

festival-villerupt.com

Alte Schätze

Viele der Stücke im **Archäologischen Museum** von Audun-le-Tiche, zu denen römische Münzen, Götterbildnisse oder Eisenwaffen zählen, stammen aus dem Ort selbst. Und auch die Location hat Historie: Das Museum ist in einer umfunktionierten Kirche zu Hause.

**Audun-le-Tiche,
32 Rue du Maréchal Foch**

S. 68). Wer noch weiter in die Vergangenheit einsteigen will, sollte im Minett Park den **Tëtelbierg** hinaufklettern: Hier befand sich vor mehr als 2000 Jahren eine keltische Siedlung, von der noch Reste erhalten geblieben sind.

Der Tëtelbierg liegt im Minett-Park Fonds-de-Gras, 2 Fond-de-Gras, minettpark.lu

DIFFERDINGEN

25 000 Menschen leben in der drittgrößten Stadt des Landes. Im **Luxembourg Science Center** gibt es vor allem für die Jüngsten von ihnen rund 70 Mitmach-Stationen, darunter Experimente mit Robotern, Trockeneis und schmelzendem Eisen – perfekt für kleine Wissenschaftler. Eine ganz andere Art von Nerds fällt jeden September für die Steampunk-Convention **Anno 1900** in den Minett Park ein. Schön idyllisch: das verwunschene Bergarbeiterdorf **Lasauvage** – laut einer Sage lebt eine wilde Frau unter dem Kalkfelsen im Zentrum. Oder in einer Höhle am Ortsrand. Ganz sicher ist man sich da nicht.

Luxembourg Science Center
1 Rue John Ernest Dolibois, science-center.lu
Anno 1900 anno1900.lu

KÄERJENG

Viele, die in den Ortsteil Niederkerschen kommen, haben dasselbe Ziel: die **Nationale Brauerei!** Die landesweiten Marken Bofferding und Battin werden hier gebraut, das Wasser dazu kommt aus einem See 300 Meter unter der Erde, der sich bis nach Bettemburg erstreckt. Natürlich gibt es Führungen und ein Restaurant, in dem das Bier gleich probiert werden kann. Wie man auf Luxemburgisch anstößt? Ist ganz einfach: »Prost!« Das sollte man sich also auch nach ein paar Runden Bofferding noch merken können.

Nationale Brauerei
2 Boulevard J.-F. Kennedy, bofferding.lu

Verschenkte Gelegenheit und riesige Demütigung

Im Bus mit der Nummer 131 fuhr unser Kolumnist Hans Zippert nach Luxemburg, wunderte sich über Menschen mit Plastiktüten und verlor eine Wette, weil er zu feige war, um einzuschlagen. Dadurch gewann er die bittere Erkenntnis, dass feste Überzeugungen mit Geld erschüttert werden können

ILLUSTRATION **P.M.HOFFMANN**

Luxemburg ist ein Operettenstaat, daran besteht kein Zweifel. Die dazugehörige Operette hat Franz Lehar komponiert, in angeblich weniger als vier Wochen. Seinen Auftraggebern überreichte er das Werk mit den Worten »Der Schmarrn ist fertig und wenn es keinen Erfolg haben wird, habt ihr es euch selbst zuzuschreiben!« Der Schmarrn wurde zum Blockbuster, weil Luxemburg nun einmal eine Erfolgsnummer ist. Luxemburg ist ein kleines Land, aber kein Zwergstaat, so wie ein anderes Land mit »L« am Anfang, das der große Ingo Insterburg mit diesen Worten bedichtete: »Wanderer, kommst Du nach Liechtenstein, tritt nicht daneben, tritt mittenrein.«

Luxemburg zu verfehlen, ist nicht ganz so einfach, aber es ist andererseits auch nicht so leicht, dort hinzukommen, zumindest nicht mit dem Zug. Beim Gedanken an den sagenhaften Reichtum der Luxemburger könnte man glauben, man müsse sich erst durch einen Grenzwall von Milchreis hindurchfuttern, bevor man das Land betreten bzw. mit einem vergoldeten Hochgeschwindigkeitszug hindurchrasen kann, aber die Wahrheit stellt sich viel ärmlicher dar. Von Frankfurt aus fährt man noch einigermaßen zügig mit dem TGV nach Saarbrücken, wo man den Zug leider verlassen muss, um in den Bus Nr. 131 umzusteigen, der einen 75 Minuten später in der Hauptstadt von Luxemburg abliefert. Das ist tatsächlich die schnellste Verbindung.

Ich habe zweimal in meinem Leben Luxemburg besucht, beim ersten Mal bin ich die ganze Zeit mit dem Bus gefahren, weil es eine Klassenfahrt war. Ich habe keine, wirklich keine Erinnerungen daran, möglicherweise, weil es dort keine Alkoholexzesse wie in Prag gegeben hat, aber da ich mich an gar nichts erinnere, könnte ich selbst das nicht bestätigen.

In dem Bus Nr. 131 sitzen auffallend viele Menschen mit großen, prall gefüllten Plastiktüten, in denen sie mit Sicherheit irgendetwas in das Land hineinschmuggeln, und auf der Rückfahrt haben sie genauso pralle Tüten dabei, in denen sie irgendetwas anderes herausschmuggeln, Zigaretten, Alkohol oder Benzin, keine Ahnung, die Tüten sind blickdicht. Vielleicht schmuggeln sie Plastiktüten.

Was mir besonders auffiel, auf überraschend vielen Speisekarten wurde Pferdefleisch angeboten. Woher diese Vorliebe der Luxemburger

An dieser Stelle schreiben unsere Kolumnistinnen und Kolumnisten in unregelmäßiger Folge über die Welt und wie sie ihnen begegnet. **Hans Zippert** *kommt durch eine unvorhergesehene Frage ins Grübeln: Sehe ich Jean-Claude Juncker tatsächlich ähnlich?*

kommt, konnte ich nicht herausfinden. Ich habe aber damals in der ganzen Stadt tatsächlich kein einziges Pferd gesehen, was darauf hindeutet, dass die Bestände so gut wie aufgegessen sein müssen.

In einem luxemburgischen Restaurant widerfuhr mir auch eine der größten Demütigungen, die mir in meinem an Demütigungen reichen Leben widerfahren ist. Ich saß in einem Sterne-Restaurant, vielleicht war es das »Mosconi« in der Hauptstadt, allein an einem Tisch und die Patronin stapelte unaufhörlich die feinsten Spezereien in homöopathischen Dosen vor mir auf, damit ich von allem wenigstens mal probieren konnte. Plötzlich trat ein Mann an meinen Tisch, nannte seinen Namen, den ich sofort wieder vergaß, weil ich mir niemals Namen merke, und fragte, ob ich etwas dagegen hätte, wenn er sich zu mir setzen würde, allein mache das Essen doch keinen Spaß. Er vertrat eine deutsche Firma vor dem Europäischen Gerichtshof und war so ungefähr jeden Marathon der Welt gelaufen. Um mir nicht komplett jede sportliche Butter vom Brot nehmen zu lassen, erwähnte ich, dass ich ein Jahr zuvor den Hermannslauf absolviert hatte, ein ostwestfälisches sportliches Mega-Event, das vom Hermannsdenkmal in Detmold bis zur Sparrenburg in Bielefeld, wo ich herkomme, über eine Distanz von 31,1 Kilometer führt. Mein Gegenüber nahm das wohlwollend zur Kenntnis, und etwa ein Stunde und vier Gläser Rotwein später sagte er: »Ich wette 1000 Euro, dass der Hermannslauf keine 31 Kilometer lang ist.« Ich erstarrte. Ich war mir über die Distanz vollkommen sicher, aber seine eiskalte Bereitschaft, 1000 Euro dagegenzusetzen, ließ mich plötzlich zweifeln. Wir belauerten uns ein paar Minuten, dann gab ich auf und verzichtete auf das Geld, das er mir sofort ausgehändigt hätte. Stattdessen hatte ich die traurige Gewissheit, dass meine Überzeugungen mit genügend Geld jederzeit zu erschüttern waren. Ich weiß nicht, ob so etwas nur in Luxemburg passieren könnte, aber etwas Ähnliches habe ich in keiner anderen Stadt erlebt.

Ein wenig angenehmer war einige Jahre später eine Zugfahrt nach Brüssel, auf Einladung des Europaabgeordneten Martin Sonneborn. Ich saß fast zwei Stunden schweigend mit einem Mann in einem Thalys-Abteil, der mich musterte. Beim Aussteigen fragte er höflich: »Entschuldigen Sie, sind Sie Jean-Claude Juncker?« Ich verneinte verwirrt und sah aber, dass er mir nicht glaubte, und fragte den Europaabgeordneten Sonneborn später, ob es eine Ehre sei, für Jean-Claude Juncker gehalten zu werden. Er wollte sich nicht eindeutig positionieren, sprach von undurchsichtigen Machenschaften, meinte aber schlussendlich, es sei bestimmt kein Nachteil, für den EU-Kommissionspräsidenten gehalten zu werden. Und da wurde mir klar, dass ich, im Zusammenhang mit Luxemburg, zum zweiten Mal eine ganz große Chance verpasst hatte. ◼

MERIAN

ERSCHEINT IM

EIN UNTERNEHMEN DER **GANSKE VERLAGSGRUPPE**

Chefredakteur	Hansjörg Falz
Stellvertretende Chefredakteurin	Kathrin Sander
Art Direction	Isa Johannsen
Chefin vom Dienst	Jasmin Wolf
Redaktion	Tinka Dippel, Kalle Harberg, Jonas Morgenthaler, Stefanie Plarre, Inka Schmeling; Mitarbeit: Raphael Bergmann, Christine Kemenah, Hannes Lübcke
Bildredaktion	Violetta Bismor, Tanja Foley, Katharina Oesten (Leitung)
Layout	Inke Cron, Lena Glauche (stellv. AD, in Elternzeit), Tanja Schmidt
Redaktionsmanagement	Bodo Drazba (Ltg.)
www.merian.de	Jasmin Deiter
Assistenz der Chefredaktion	Anne Dreßel
Konzeption dieser Ausgabe	Kalle Harberg (Text), Katharina Oesten (Bild)
Autoren	Kristine Bilkau, Dennis Gastmann, Finn-Ole Heinrich, Nils Minkmar, Thomas Pletzinger, Till Raether, Saša Stanišić, Ilija Trojanow, Hans Zippert
Verantwortlich für den red. Inhalt	Hansjörg Falz
Geschäftsführung	Thomas Ganske, Sebastian Ganske, Heiko Gregor (CEO), Peter Rensmann
Brand Owner/Verlagsleitung	Oliver Voß
Head of Editorial Operations	Bartosz Plaksa
Gesamtvertriebsleitung	Jörg-Michael Westerkamp (Zeitschriftenhandel), Thomas Voigtländer (Buchhandel)
Abovertriebsleitung	Christa Balcke
Leitung Leserreisen	Oliver Voß
Head of Sales	Helma Spieker (verantwortlich für Anzeigen)
Senior Brand Manager	Henning Meyer, Tel. 040 2717-2496
Anzeigenstruktur	Corinna Plambeck-Rose, Tel. 040 2717-2237
Marketing Consultant	Alexander Grzegorzewski
Ihre Ansprechpartner vor Ort:	
Region Nord	Jörg Slama, Tel. +49 40 22859 2992, joerg.slama@jalag.de
Region West / Mitte	Michael Thiemann, Tel. +49 40 22859 2996, michael.thiemann@jalag.de
Region Südwest	Marco Janssen, Tel. +49 40 22859 2997, marco.janssen@jalag.de
Region Süd	Andrea Tappert, Tel. +49 40 22859 2998, andrea.tappert@jalag.de
Repräsentanzen Ausland:	
Belgien/Niederlande/Luxemburg	Mediawire International, Tel. +31 651 48 01 08, info@mediawire.nl
Frankreich/Monaco	Media Embassy International, Tel. +33 (0)6 03 92 09 15, info@media-embassy.fr
Großbritannien/Irland	Mercury Publicity Ltd., Tel. +44 7798 665 395, stefanie@mercury-publicity.com
Italien	Media & Service International Srl, Tel. +39 02 48 00 61 93, info@it-mediaservice.com
Österreich	Michael Thiemann, Tel. +49 40 22859 2996, michael.thiemann@jalag.de
Schweiz/Liechtenstein	Goldbach Publishing AG, Tel. +41 (0) 76 468 83 13, eva.favre@goldbach.com
Skandinavien	International Media Sales, Tel. +47 9222 0650, fgisdahl@mediasales.no
Spanien/Portugal	The International Media House, Tel. +34 91 7023484, administracion@theinternationalmediahouse.com

Die Premium Magazin Gruppe im Jahreszeiten Verlag
Gültige Anzeigenpreisliste: Nr. 10
Heft 02/2022 – Luxemburg. Erstverkaufstag dieser Ausgabe ist der 20.01.2022. Redaktionsschluss: 14.12.2021
MERIAN erscheint monatlich im Jahreszeiten Verlag GmbH, Harvestehuder Weg 42, 20149 Hamburg, Tel. 040 2717-0
Redaktion Tel. 040 2717-2600, E-Mail: redaktion@merian.de Internet www.merian.de
Abonnementvertrieb und Abonnentenbetreuung DPV Deutscher Pressevertrieb GmbH, Tel. 040 2103-1371,
Fax -1372, www.dpv.de, E-Mail: leserservice-jalag@dpv.de
Merian (USPS no 11458) is published monthly by JAHRESZEITEN-VERLAG GMBH. Known Office of Publication: Data Media (A division of Cover-All Computer Services Corp.),
2221 Kenmore Avenue, Suite 106, Buffalo, NY 14207-1306. Periodicals postage is paid at Buffalo, NY 14205. Postmaster: Send address changes to Merian, Data Media,
P.O. Box 155, Buffalo. NY 14205-0155, E-Mail: service@roltek.com, Toll free: 1-877-776-5835
Vertrieb DPV Vertriebsservice GmbH, www.dpv-vertriebsservice.de
Litho K+R Medien GmbH, Darmstadt
Druck und Verarbeitung Walstead Kraków Sp. z o.o., Obrońców Modlina 11, 30-733 Krakau, Polen

Bildagentur Image Professionals GmbH Tumblingerstr. 32, 80337 München, www.imageprofessionals.com

Weitere Titel der JAHRESZEITEN VERLAG GmbH A&W ARCHITEKTUR & WOHNEN, CLEVER LEBEN, COUNTRY,
DER FEINSCHMECKER, FOODIE, HOLIDAY, LAFER, MERIAN SCOUT, POLETTO, PRINZ, ROBB REPORT, SCHÖNER REISEN, WEIN GOURMET

Wir bedanken uns für die Unterstützung bei der Produktion bei der Europäischen Kulturhauptstadt Esch-sur-Alzette & Luxembourg for Tourism

ESCH2022 EUROPEAN CAPITAL OF CULTURE
PRESENTS

HACKING IDENTITY
DANCING DIVERSITY
27.02 – 15.05.2022

Collaboration ZKM | Zentrum für Kunst und Medien Karlsruhe

EARTHBOUND:
IN DIALOGUE WITH NATURE
04.06 – 14.08.2022

Collaboration HEK (Haus der Elektronischen Künste)

IN TRANSFER:
ON TO NEW SHORES
10.09 – 27.11.2022

Collaboration Ars Electronica

PURE EUROPE
17.12.2022 – 26.02.2023

Collaboration Historical Consulting & tinker imagineers

All catalogues will be published by Hatje Cantz, for further information please visit our website at www.hatjecantz.com

MERIAN *Highlights*

❶ Corniche
Auf dem »schönsten Balkon Europas« die lebensfrohe Seite der Hauptstadt entdecken (S. 56)

❷ Belval
Das modernste Viertel Luxemburgs wird zum Zentrum der Kulturhauptstadt »Esch2022« (S. 34)

❸ Schloss Vianden
Mit dem Sessellift entspannt zu einer der größten feudalen Burgen westlich des Rheins gleiten (S. 6)

❹ Müllerthal Trail
Der 110 Kilometer lange Wanderweg führt einmal durch die Kleine Luxemburger Schweiz (S. 98)

❺ Schloss Clervaux
Vom New Yorker MoMA in den Luxemburger Norden: die Fotoausstellung »Family of Man« (S. 78)

❻ Schloss Berg
Was Windsor für die englischen Royals ist dieses Schloss für die großherzogliche Familie (S. 30)

❼ Minett Park
Ein riesiges Freiluftmuseum für das Industrieerbe des Südens – mit historischer Dampfeisenbahn (S. 68)

❽ Koeppchen
An der Steillage wachsen die besten Rieslinge im luxemburgischen Moseltal (S. 55)

❾ Château de Bourglinster
Nicht so prächtig wie Berg oder Vianden, dafür zaubert hinter den Mauern Spitzenkoch René Mathieu vegetarische Gourmetküche (S. 46)

❿ BENU Village
Mitten in Esch-sur-Alzette entsteht ein Dorf ohne ökologischen Fußabdruck, aber mit jeder Menge coolen Projekten (S. 116)

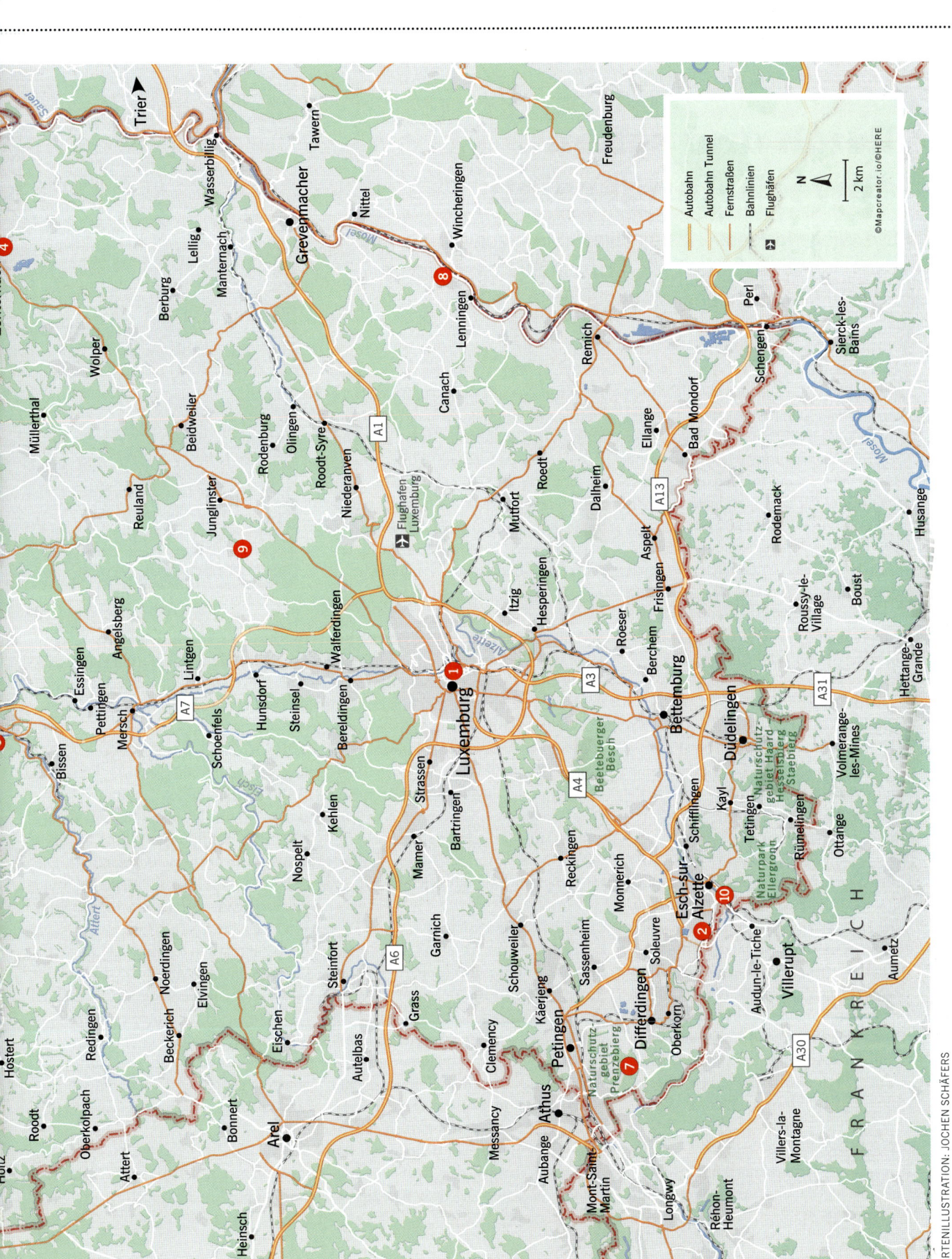

KARTENILLUSTRATION: JOCHEN SCHÄFERS

Reich und schön abwechslungsreich

Die Wiege Europas, das einzige Großherzogtum, das reichste Land der Welt – Luxemburg ist in vielem einmalig. Und dabei doch unglaublich vielfältig

Das Europäische Parlament tagt in Brüssel, aber das Sekretariat des Hauses ist auf dem Kirchberg beheimatet

EINWOHNER

Luxemburg ist eines der am dichtesten besiedelten Länder Europas. 626000 Menschen leben in dem Staat, rund 125000 davon in der Hauptstadt. Und Luxemburg ist ein Einwanderungsland: 48 Prozent der Bevölkerung sind außerhalb des Großherzogtums geboren, die größten Minderheiten kommen aus Portugal (16 Prozent), Frankreich (8 Prozent) und Italien (4 Prozent). Dazu pendeln werktags etwa 185000 Menschen jeden Morgen aus Frankreich, Deutschland und Belgien nach Luxemburg.

GEOGRAFIE

Das Land ist klein, aber doch größer als manch einer vermutet: Mit einer Fläche von 2586 Quadratkilometern ist Luxemburg etwa dreimal so groß wie Berlin und gehört als siebtkleinstes Land Europas nicht mehr wirklich zu den Zwergstaaten – im Gegensatz etwa zu Andorra oder Liechtenstein. Von Nord nach Süd erstreckt sich Luxemburg über 82 Kilometer, von Ost nach West über 57 Kilometer. Das Land ist unterteilt in zwölf Kantone, trotz der geringen Größe des Landes sind die Regionen sehr verschieden. Der Norden etwa ist geprägt vom Waldgebirge der Ardennen, der Osten vom Moseltal und der Süden, genannt Minett, von alten Bergwerken, die sich die Natur teils zurückgeholt hat (S. 68).

STAATSFORM

Luxemburg ist eine konstitutionelle Monarchie und das einzige Großherzogtum der Welt. Der Großherzog, seit 2000 Henri von Nassau, ist das formelle Staatsoberhaupt. Zu einer Staatskrise kam es 2008, als Großherzog Henri das vom Parlament verabschiedete Sterbehilfe-Gesetz aus Gewissensgründen nicht unterzeichnete. Die Verfassung wurde daraufhin geändert: Der Großherzog muss Gesetze nun nicht mehr unterschreiben, sondern nur verkünden.

POLITIK

Seit 2013 bildet ein Dreierbündnis aus Liberalen, Sozialisten und Grünen die Regierung. Es löste die konservative Regierung unter Premierminister Jean-Claude Juncker ab, der anschließend von 2014 bis 2019 Präsident der Europäischen Kommission war. Derzeitiger Premierminister ist der liberale Xavier Bettel von der »Demokratesch Partei«. Als er 2015 seinen langjährigen Freund heiratete, wurde er der erste europäische Regierungschef mit einem Ehemann.

EUROPÄISCHE UNION

Luxemburg liegt nicht nur im Herzen Europas, es gilt auch als eine Wiege der Europäischen Union. Der Staat war eines der sechs Gründungsmitglieder, 1985 wurde in dem kleinen Winzerdorf Schengen das berühmte Abkommen unterzeichnet, das den freien Personen- und Warenverkehr in der EU garantiert. Viele EU-Institutionen sind auf dem Kirchberg in der Hauptstadt beheimatet, darunter der Europäische Rechnungshof, der Europäische Gerichtshof sowie die Europäische Investitionsbank. Und in Schengen gibt es seit 2010 das Europäische Museum, das die Geschichte und den Einfluss des Abkommens würdigt.

WIRTSCHAFT

Luxemburg ist das reichste Land der Welt – zumindest was das Bruttoinlandsprodukt (BIP) pro Kopf angeht. Es beträgt etwa 102000 Euro, rund zweieinhalb Mal so hoch wie das deutsche. Die Stütze ist die Finanzindustrie, die rund ein Viertel des BIP ausmacht. 129 Banken haben ihren Sitz in Luxemburg, nach New York ist Luxemburg außerdem der weltweit größte Markt für die Fondsindustrie. Die Regierung von Xavier Bettel ist bemüht, Luxemburgs Image als Steueroase zu ändern. »Wir wollen nicht länger das Land auf der Landkarte sein, von dem gesagt wird, hier wird schmutziges Geld gewaschen«, sagt der Premier.

SPRACHE

Luxemburg ist ein trilingualer Staat: Sowohl Französisch als auch Deutsch und

Luxemburgisch – eine moselfränkische Variante des Deutschen – sind Amtssprachen. Luxemburgisch ist die am weitesten verbreitete Alltagssprache, in der Schule wird aber meist auf Deutsch und Französisch unterrichtet, das schriftliche Luxemburgisch wird ab der Grundschule gelehrt, dazu kommt noch Englisch. Man kann bei der Ansprache der Luxemburger also nicht viel falsch machen.

LANDESVORWAHL
Die Vorwahl von Luxemburg ist 00352.

ANREISE
Luxemburg hat nur einen internationalen Flughafen, er liegt nordöstlich vom Zentrum der Hauptstadt und ist ganz einfach per Bus zu erreichen, zum Beispiel mit der Linie 16. Luxair fliegt viele deutsche Ziele an, darunter Berlin, München und Hamburg. Auch mit der Bahn ist das Großherzogtum gut zu erreichen, allerdings sollte man genug Zeit einplanen, denn man muss unterwegs meist mehrmals umsteigen.

UNTERWEGS IN
Kein lästiges Suchen mehr nach dem richtigen Tarif: Seit Februar 2020 ist der komplette ÖPNV in Luxemburg kostenlos. Das Netz ist gut, auf dem Land aber noch ausbaufähig – und am Wochenende gibt es wegen Bauarbeiten oft Schienenersatzverkehr. So bleibt das Auto bei Touren in die entlegeneren Winkel des Großherzogtums doch erst einmal das beste Transportmittel, was sich auch in Zahlen widerspiegelt. Kein anderes EU-Land hat pro Kopf so viele Autos. Auf 1000 Luxemburger kommen 662 Pkws.

INFO
Viele Tipps für die Reiseplanung gibt es auf der Website vom Visit Luxembourg. Die Touristeninformation in der Hauptstadt befindet sich an der Place Guillaume II, die in Esch-sur-Alzette in der Fußgängerzone. Gut zur Einstimmung: die Abenteuer des US-amerikanischen Expats Mike McQuaide unter facebook.com/anamericaninluxembourg. visitluxembourg.com/de

Das perfekte Souvenir
...findet man auf jeden Fall im Luxembourg House. Dieser Concept Store, der sich in der Hauptstadt gleich um die Ecke der zentralen Place Guillaume II. befindet, verkauft eine große Palette regionaler Produkte, darunter Gin, Wein, Keramiken und auch hübsch zusammengestellte Geschenkboxen.
Stadt Luxemburg, 2 Rue de l'Eau
luxembourghouse.lu

Her mit dem Rabatt!
Besucherkarten mit Vergünstigungen gibt es mittlerweile in jedem Dorf, aber bei der LuxembourgCard bekommt man was für sein Geld: Für zwei Tage und zwei Personen kostet sie 40 Euro, dafür gibt es mehr als 90 Attraktionen und sogar viele Führungen umsonst.
Infos unter visitluxembourg.lu/de

Wat gelift?
Heißt auf Luxemburgisch: »Wie bitte?« Muss man Luxemburgisch lernen, bevor man das Land besucht? Absolut nicht. Aber es ist eine zauberhafte Sprache. Beispiele: *tockskapp* (Dickkopf), *gromperekichelchen* (Kartoffelpuffer), *kuff d'schmull* (halt den Mund). Sprachkurse bietet das Institut National de Langues an.
inll.lu/de

Naturschönheit: Schloss Wörlitz und Kirche St. Petri im Gartenreich Dessau-Wörlitz

Ikone der Moderne: das Bauhausgebäude in Dessau von Walter Gropius

Bunte Tierwelt: das Biosphärenreservat Mittelelbe – eine Spielwiese für Mandarinenten

Runde Sache: die älteste konkrete Darstellung des Weltalls – die Himmelsscheibe von Nebra

FOTOS: PETER HIRTH, LUKAS SPÖRL (2), IMAGEBROKER/ALAMY STOCK PHOTO

Sachsen-Anhalt

MEISTERSTÜCK Der Naumburger Dom und seine Geheimnisse
REFORMATOR Auf den Spuren Luthers in Wittenberg und Eisleben
FACHWERK-PARADIES Zu Besuch im mittelalterlichen Quedlinburg
STÄDTETOUR Insidertipps fürs Wochenende in Magdeburg und Halle

Haben Sie eine MERIAN-Ausgabe verpasst?
Bestellservice: Tel. (040) 2717-1110
E-Mail: sonderversand@jalag.de
oder online bestellen unter merian.de
oder einzelheftbestellung.de

Abo bestellen:
Tel. (040) 21031371
E-Mail: leserservice-jalag@dpv.de
oder online unter shop.jalag.de

Zuletzt erschienen:

September 2021   Oktober 2021   November 2021   Dezember 2021   Januar 2022

In Vorbereitung:
Valencia
Oberösterreich
Italien neu entdecken